KcBA 사단법인 한국커피바리스타협회 가이드 북
동영상 QR코드 수록

스탠다드 카페메뉴

카페 메뉴음료제조사 지침서

김영아, 조상원 지음

도서출판 한수북스

카페 & 음료
Pro logue

2022년 통계청 자료에 의하면 대한민국의 커피 전문점은 약 14만 개소를 훌쩍 넘을 것으로 예상하고 있으며 커피 음료를 만들기 위해 없어서는 안 되는 생두 수입량 또한 세계 6위로서 우리나라의 커피산업은 지금 이 시간에도 양적으로 팽창 중이다.

본서를 준비하기 위해 국내 커피시장을 주도해왔던 카페들을 둘러보았고, 해당 카페에서 판매되고 있는 메뉴의 종류와 스탠다드 레시피에 대한 시장조사를 했다.

따라서 본서는 카페의 기본이라 할 수 있는 에스프레소 탐구와 더불어 맛있는 음료를 만들기 위한 스탠다드 레시피를 제안한다. 현실과 동떨어진 원론적인 이야기나 지나치게 피상적인 언어는 피하고, 바리스타가 현장에서 바로 사용할 수 있도록 실무 레시피 중심으로 엮었다.

그럼으로 음료의 역사를 비롯하여 커피음료와 논커피 음료를 소개하고 이를 기반으로 창조적이며 교육적인 요소를 제공함으로서 성장하고 있는 커피산업의 토대 위에서 개성 넘치고 생기발랄한 카페 운영과 현장 실무 위주의 바리스타 양성에 일조하는데 본서의 의미가 있다.

또한, 틀에 박힌 에스프레소와 베리에이션에서 벗어난 최신 트렌드를 반영하면서도, 가장 일반적이고 보편적인 내용으로 편집하여 쉽게 찾아보고 따라 할 수 있도록 정리했다.

모쪼록 본서가 바리스타의 카페음료 제조와 에스프레소 추출 기술 향상에 기여하며, 완벽한 한 잔을 통해 고객과 소통하고, 더 나아가 안정적인 카페경영과 자신만의 독특한 시그니처 음료를 만드는데 도움이 되기를 희망한다.

- 김영아, 조상원 -

Contents

I 식음료 개론
음료의 역사　　006
음료의 정의
음료의 분류
음료의 종류

II 카페와 문화
카페의 역사　　016
한국의 카페 역사
카페의 종류
한국의 카페문화
최근 카페 동향

III 카페의 설계
사업계획서 작성　　023
예산의 설정
입지의 선정
세무와 법률
인테리어
장비구입
재료구입
매장관리
마케팅

IV 카페와 장비
에스프레소 머신　　033
그라인더
제빙기
냉장 냉동시설
기타 주방 기기 소독

V 에스프레소의 이해
에스프레소 추출　　041
밀크 스티밍
에스프레소 추출의 변수
TDS(농도)
추출 수율

Ⅵ 스탠다드 레시피

COFFEE

에스프레소	055
리스트레또	057
룽고	059
에스프레소 콘판나	061
에스프레소 사케라토	063
아포카토	065
아메리카노	067
롱블랙	069
카푸치노	071
카페라떼	073
플랫화이트	075
카페모카	077
캐러멜 마키아토	079
바닐라 라떼	081
아인슈패너	083

NON COFFEE

그린티 라떼	085
초코 라떼	087
고구마 라떼	089

FRAPPE & SMOOTHIE

요거트 프라페	091
쿠키앤크림 프라페	093
민트 초코칩 프라페	095
블루베리 스무디	097
망고 스무디	099

JUICE & ADE

계절 주스(키위)	101
계절 주스(딸기)	103
계절 주스(청포도)	105
레몬 에이드	107
자몽 에이드	109
패션후르츠 에이드	111

COFFEE COCKTAIL

모히또	113
깔루아 밀크	115

TEA

밀크 티	117
홍차	119
녹차	121
과일차	123
허브 티	125
블렌딩 티	127

I
식음료 개론

음료의 역사

인류 최초의 음료는 물이다. 그러나 우리에게 늘 깨끗한 물만 있었던 것은 아니어서 세계문명의 발상지로 유명한 티그리스 강과 유프라떼스 강의 풍부한 수역도 강물이 오염되어 전염병의 위기에 처해지기도 했다.

이렇듯 오염으로 인해 순수한 물을 마시기 어렵게 되자 색다른 음료를 연구하게 되었는데, 불행히도 음료에 관한 고고학적 자료가 거의 없어 정확하게 알 수는 없으나 자연적으로 존재하는 봉밀(蜂蜜: 꿀)을 그대로 또는 물에 약하게 타서 마시기 시작한 것이 그 시초라 전해진다.

1919년에 스페인의 발렌시아 부근에 있는 동굴 속에서 약 1만 년 전의 것으로 추측되는 암벽조각에 한 손에는 바구니를 들고 봉밀을 채취하는 그림이 있으며, 그 다음으로 발견한 음료는 과즙인데 BC 6000년경 바빌로니아에서 레몬과즙을 마셨다는 기록이 전해지고 있다.

그 후 밀 빵이 물에 젖어 발효된 맥주를 발견해 음료로 즐겼으며, 중앙아시아 지역에서는 야생의 포도가 쌓여 자연 발효된 포도주를 발견하여 마셨다고 한다.

인간이 탄산음료를 발견하게 된 것은 자연적으로 솟아나오는 천연 광천수를 마시게 되면서 비롯된다. 기원전 그리스의 기록에 의하면, 이러한 광천수의 효험으로 장수를 했다는 기록이 있으며 그 후 로마시대에는 천연 광천수를 약용으로 마셨다고 한다.

탄산가스의 존재를 발견한 것은 18세기경, 지구상 주요 원소의 하나인 산소를 발견한 영국의 화학자 조셉 프리스트리이다. 그의 탄산가스 발견이 인공 탄산음료 발명의 계기가 되었고 청량음료의 역사에 크게 기여하게 되었다.

음료의 정의

음료(飮料)는 주요 구성 성분이 액체이며, 마실 수 있도록 만든 음식의 한 종류이다

수분보충을 통한 갈증해소를 기본으로 하며 맛과 향을 즐기거나 피로회복, 건강증진, 대화유도, 적당한 각성효과, 즐거움을 위하여 마시는 것을 목적으로 한다.

음료수(飮料水)라고도 부르지만 엄밀히 말하면 음료수는 마시거나 요리에 쓰이는 물만을 뜻한다. 인간이 마실 수 있는 음료의 기본은 자연 상태에 있는 물이지만 냉장기술이 발전되지 못했던 시절이나 장기보관을 할 때 물의 질이 음료로서 부적합 할 때는 정수하거나 끓이거나 발효를 시켰고, 세균번식을 막기 위해 알콜 성분을 가미하여 보존기간을 연장시키기도 한다.

종류가 매우 다양한 만큼 여러 가지로 분류가 가능하다. 알콜성 음료와 비알콜성 음료, 차, 커피 등 기호음료, 청량음료, 우유음료, 건강음료 등 여러 종류가 있다.

음료의 분류

비알코올성 음료(Non-Alcoholic)의 분류

대분류	소분류
청량음료 (Soft Drink)	탄산음료, 비탄산음료(미네랄 워터)
영양음료 (Nutritious Drink)	주스류, 우유류
기호음료 (Fancy Taste)	커피, 차, 코코아

알코올성 음료(Alcoholic Beverage)의 분류

전분, 당분 등을 발효시켜 만든 1%이상의 알코올 성분이 함유된 음료

분류	원료	종류
양조주 (Fermented)	곡류	맥주, 막걸리, 청주
	과실	Wine, Cider(사과주)
증류주 (Distilled)	곡류	Whisky, Vodka, Gin
	과실	Grape-Cognac(코냑), Armagnac Apple-Calvados (사과주를 증료한 프랑스 술)
	사탕수수(당밀)	Rum
	용설란	Tequila (멕시코산 테킬라)
혼성주	양조주, 증류주를 기초로 초근목피, 약초, 향미, 과실, 당분 등을 배합하여 만든 술 (리큐어로 총칭)	

음료의 종류

청량음료

청량음료는 알코올이 들어있지 않은 음료 중 코코아, 차, 커피, 우유, 과즙 등을 제외한 음료를 뜻한다. 청량음료의 기원은 과일 맛이 나는 음료의 개발과 관련이 있는데 튜더 잉글랜드 시기에 레몬 맛이 나는 달콤한 음료인 "워터 임페리얼"이 널리 섭취되었다. 다른 형태의 청량음료로는 레모네이드가 있는데 꿀로 달게 만든 물과 레몬주스로 만들어졌지만 탄산이 포함되어 있지 않았다.

탄산음료

탄산음료는 청량음료와 맥을 같이 하는데, 탄산수는 이산화탄소의 포화수용액으로써 청량음료나 의약품 등에 쓰인다. 주요 성분은 물에 무기염류와 탄산가스를 주입한 것인데, 탄산음료 제조방법으로는 첫째 탄산가스가 함유된 천연 광천수로 만들어지고, 둘째 순수한 물에 탄산가스를 함유시키는 것이고, 셋째로는 음료수에 천연 또는 인공의 감미료를 함유시키는 것과, 천연과즙에 탄산가스를 함유시키는 것들이 있다. 탄산음료의 종류는 다음과 같다.

콜라	1886년 미국 조지아주 애틀랜타의 존스타인 펨버튼 박사에 의해 제조되었다. 서아프리카가 원산지이며, 열대지방에서 많이 재배하는 콜라나무 열매 원액에서 쓴맛과 떫은맛을 제거한 즙과 당분, 카라멜 색소, 산미료, 향료 등을 혼합한 후 탄산수를 주입하여 만든다.
소다수	물에 인공적으로 이산화탄소를 주입한 것이 소다수의 시초인데 이산화탄소를 만들 때 소다를 쓰기 때문에 소다수라고 한다. 여기에 제2차 가공을 하여 설탕, 향료, 산(酸), 색소 등을 첨가한 것이 레몬에이드, 사이다 등이다.
진저에일	진저(Ginger)는 생강이란 뜻이고 에일(Ale)은 알코올을 뜻하며, 진저에일은 생강주를 의미한다. 그러나 우리나라에서는 알코올 성분이 전혀 없는 순수한 청량음료이다. 맥주나 브랜디와 조주하여 마시기도 한다.
토닉 워터	영국에서 처음으로 개발한 무색투명의 음료로서 레몬, 라임, 오렌지, 키니네 등으로 엑기스를 만들어 당분을 배합한 것이다.
칼린스 믹스	레몬과 설탕이 주원료이며 첨가물로는 액상과당, 탄산가스, 구연산, 구연산삼나트륨, 향료 등이 들어있다.
세븐 업	사과를 발효해서 제조한 일종의 과실주로서 알코올분이 1~6%정도가 함유되어 있다. 그러나 우리나라에서는 주로 구연산, 주석산 그리고 레몬과 라임에서 추출한 과일 엣센스를 혼합한 시럽을 만들어 증류수를 채우고 마지막으로 액화 탄산가스를 주입하여 만든다.

비탄산음료

물	무색, 무미, 무취의 액체로서의 음료와 고체로서의 얼음으로 만들어진다.
광천수	칼슘, 마그네슘, 칼륨 등의 광물질이 미량 함유되어 있는 물을 말한다.
비시수	프랑스의 광천도시 비시에서 나는 탄산 소다수이다.
에비앙수	프랑스 남동부 론알프주 오트사부아현에 있는 에비앙시에서 나는 천연 광천수로 다량의 광물질을 함유하고 있으나 탄산가스가 없는 양질의 음료로 세계적으로 유명하다.
셀처수	독일의 온천도시로 유명한 비스바덴에서 생산되는 천연광천수이다.

주스류

과실의 액즙을 짜서 만든 과즙에 과당을 첨가, 가공하여 만든 음료로서 칵테일에 많이 사용한다. 칵테일 조주 시 많이 사용하는 주스류는 레몬 주스, 라임 주스, 오렌지 주스, 파인애플 주스, 그레프룻 주스, 토마토 주스, V-8 야채 주스, 크렌베리 주스, 애플 주스, 그레이프 주스, 체리주스가 있다.

기호음료

커피 (Coffee)

커피, 커피차 또는 커피음료는 커피나무 열매의 씨앗(생두)을 볶아 가루로 만든 것을 따뜻한 물과 차가운 물 또는 증기로 우려내어 마시는 음료이다. 추출방식에는 에스프레소 머신을 통한 방식, 여과방식의 핸드드립, 찬물로 우려내는 콜드브루 등 다양한 방식이 있다.

- **추출 커피**

기계를 이용해 고압·고온의 물을 미세하게 분쇄한 커피가루에 가해 추출해내는 고농축 커피로서 에스프레소로 대표된다. 추출 커피의 가장 큰 특징은 드립 커피보다 농도가 짙다는 것이다. 같은 부피를 놓고 비교했을 때 드립 커피보다 일정 부피 안에 용해된 고형체의 양이 많다.

추출하는 방법에 따라 이름이 달라지는데 일반적으로 에스프레소는 커피가루를 7g~20g 넣고 25~35초 동안 30~35ml를 추출하는 것이고 이보다 짧은 20~30초 동안 20~25ml의 양을 추출하는 리스트레또, 60~70ml를 추출하는 룽고와 에스프레소 두 잔을 한잔에 추출하는 도피오도 있다.

- **드립 커피**

드립 커피란 커피가루를 거름 장치에 담고, 물을 부어 내려 마시는 커피로서 거름 장치를 필터라고 하기 때문에 드립 커피를 필터커피라고도 한다.

- **콜드브루**

찬 물로 긴 시간에 걸쳐 추출한 커피이다. 다른 커피 추출법과 달리 찬물로 추출하기 때문에 카페인이 적거나 없다고 알려져 있지만 실제로는 일반 커피보다 카페인이 많을 수 있다. 카페인은 높은 온도에서 추출이 활발하지만 낮은 온도라 하여 추출되지 않는 것이 아니어서 상대적으로 장시간 추출되는 콜드브루의 특성상 적지 않은 카페인이 함유될 수 있다.

- **커피 메뉴**

커피메뉴 가운데 가장 먼저 알려진 커피는 무엇일까? 그것은 스트레이트 커피일 것이다. 커피가 처음 발견되었을 당시, 단지 커피 원두만을 조리해 음용했을 것임은 자명한 일이기 때문이다. 그러나 중세 이후 커피가 본격적으로 보급된 이래, 전 세계에는 200여가지가 넘는 커피메뉴가 있으며 카페오레, 카푸치노, 비엔나 커피, 카페 로얄, 아이스 커피, 아이리쉬 커피 등은 그중에서도 쉽게 접하고 음용하는 메뉴들이다.

차 (Tea)

• **차의 유래**

차나무는 동백나무과에 속하는 아열대성 상록식물이다. 차는 이러한 차나무에서 딴 잎을 뜨거운 물에 우린 것이다. 차를 마시기 시작한 기원은 전한(前漢) 시대인 BC59년에 만들어진 노예매매 계약서에 남자 종의 일과 중에 차를 사오고 대접하는 일이 포함되어 있는 것으로 보아 이때를 기원으로 보고 있다

• **차의 종류**

불발효차(不醱酵茶)	발효가 일어나지 않는 차로서 녹차가 대표적이며 전차, 옥로차, 말차, 한국전통녹차, 용정차, 우화하 등이 있다.
반발효차(半醱酵茶)	발효정도가 10~65% 사이의 차를 말하며. 중국차의 대명사라 할 수 있는 오룡차, 철관음차, 청차, 쟈스민차 등은 있다.
발효차(醱酵茶)	발효정도가 85% 이상의 차를 말하며 홍차가 대표적이다. 인도의 다즐링, 중국의 기문, 스리랑카의 우바 홍차가 세계 3대 명차로 꼽힌다.
후발효차(後醱酵茶)	발효가 전처리 공정 뒤에 일어나게 만든 차를 말하며 황차, 흑모차, 보이차, 육보차 등이 대표적이다.

카페와 가정에서 흔히 즐기는 녹차, 홍차, 허브차에 대해 좀 더 자세히 알아보면

녹차	특징	차의 모든 뿌리는 카멜리아 시넨시스라고 불리는 차나무의 재료이다. 차마다 색, 향, 맛의 차이는 찻잎을 채취한 후 어떤 과정을 거치냐에 따라 크게 6대(녹차, 홍차, 백차, 우롱차, 황차, 흑차)차로 분류하며 이중 가장 오랜 역사를 자랑하는 중국의 녹차가 대표적이다.
	종류	제작방법에 따라 '증청녹차', '초청녹차'로 나뉜다. • 한국 : 우전. 세작 • 중국 : 서호용정. 벽락춘 • 일본 : 옥로. 전차. 겐마이차
	과정	채엽→살청→위조→건조 과정을 거친다. • 채엽: 찻잎을 채취하는 단계 • 살청: 찻잎의 색이 변하지 않도록 증기나 뜨거운 불판에서 열처리를 해주는 단계 • 위조: 잎을 식히는 과정을 여러 차례 반복, 성분이 잘 우러나도록 잎의 세포막을 파괴하는 단계 • 건조: 위조 후 불판에서 덖으면서 수분을 제거해주는 단계
	우리는 방법	잎차 기준 : 2g / 70~75℃ / 50~70ml / 1분~1분30초 • 티백 녹차 : 잎차와 동일한 물 온도 • 베리에이션용 베이스 녹차 : 높은 온도에서 5분간 우려서 녹차의 본연의 진하고 떫은맛을 강조하며 녹차 양을 늘리는 방법도 좋다.
	보관법	• 찻 잎 : 냄새. 습기를 피해 밀폐용기에 보관 • 가루녹차 : 선명한 녹색을 유지하기 위해 진공포장 또는 밀폐용기에 보관
홍차	특징	차 소비량의 75%를 차지하며 중국과 영국이 벌인 아편전쟁이나 미국의 독립전쟁의 발단으로 홍차가 대두될 정도로 세계사를 움직이는 주인공이었다. 유럽의 귀족들이 즐겼으며 영국의 노력으로 전 세계인이 즐기는 차로 자리하게 되었다.
	종류	• 인도 : 다즐링, 아쌈 • 중국 : 기문, 랍상소우총 • 스리랑카 : 우바. 딤불라, 누와라 엘리야
	과정	홍차는 채엽→위조→유념→산화→건조의 과정으로 녹차보다 복잡하다. • 채엽: 찻잎을 채취하는 단계 • 위조: 찻잎 성분이 농축되도록 수분이 40% 증발할 때까지 고루 펴서 서서히 말리는 단계 • 유념: 건조된 찻잎을 서로 비벼서 상처를 내주는 단계 • 산화: 일정한 온도의 발효실에서 산화시키는 단계 (이때 갈색으로 변한다) • 건조: 갈색으로 변한 잎을 건조기나 숯불로 건조시키는 단계
	우리는 방법	잎차 기준 : 2~3g / 100℃ / 300~400ml / 3분 • 잎 차: 2~3g 기준 5분을 넘기지 않아야 떫고 쓴맛이 강해지지 않는다. • 티백: 3분정도가 적당. (가루형태로 제작되던 것이 최근에는 잎차를 넣어 간편하게 출시) • 베리에이션 홍차: 2g의 잎차로 물100~120ml에 5분정도가 적당. (음료 베이스로 이용한다면 진하게 우려야 함)
	보관법	홍차는 유통기한이 없으며 상미기간이 있다. • 상미기간: 포장에 'Best Before 날짜'로 표기되는데 해당 날짜가 지나면 향미나 맛이 떨어진다는 의미.

허브차	특징	허브의 어원은 라틴어 '허바(Herba)'로 고대국가에서 '향과 약초'라는 의미로 사용되었으며 사전적 의미는 잎이나 줄기가 식용과 약용으로 쓰이거나 향미로 이용되는 식물이다. 허브차는 녹차나 홍차와 달리 카페인의 영향이 없다.(마테차 제외)
	종류	생 허브 와 말린 허브로 구분 • 생 허브: 음료에 신선하고 상큼한 향이 나도록 사용 • 말린 허브: 음료의 베이스로 사용(농축된 향이 강함) • 티젠: 단일 허브를 블렌딩 해 개성있는 허브 베이스로 만듦 • 블렌딩: 허브와 허브, 허브와 과일, 허브와 향신료를 섞어 특색 있게 만듦 • 줄기. 잎: 민트류, 로즈마리, 타임, 바질 • 꽃: 라벤더. 장미, 자스민플라워, 카모마일, 히비스커스 • 열매: 로즈힙
	과정	자연건조, 인공건조: 모든 허브는 자연/인공건조가 가능하나 잎이 약한 것은 자연건조를 권장한다. 잎이 작은 허브는 씻어서 줄기째 건조하고 잎이 큰 허브는 세척 후 물기를 제거한 다음 바구니에 펼쳐 건조한다. 햇볕이 들지 않고 통풍이 잘되는 곳이 좋으며 손으로 만졌을 때 부스러질 때까지 약 일주일 정도 소요된다.
	우리는 방법	잎차 기준: 2g / 100℃ / 300~400ml / 5분 다른 차와 달리 많이 우려도 떫은맛이나 쓴맛이 나지 않기 때문에 음용에는 제한이 없으나 너무 오래 우리면 색이 탁해질 수 있다.
	보관법	향이 날아가지 않도록 밀폐용기나 지퍼 팩으로 유통되며 햇볕에 노출 시 성분이 산화되어 누렇게 변질되기 쉽기 때문에 직사광선을 피해 통풍이 잘되는 곳에 보관한다.

양조주 (Fermented Liquor)

양조주 또는 발효주는 과일에 함유되어 있는 과당을 발효시키거나, 곡물 중에 함유되어 있는 전분을 당화시켜 효모의 작용을 통해 만든 알코올성 음료이다. 원료에 대한 당화 과정의 진행 여부로 단발효주와 복발효주로 분류된다.

단발효주

원료의 당질 형태가 당분으로 이루어져 있으며, 과즙을 천연 발효시켜 숙성/여과시킨 술이며 과일 자체의 향미가 술의 품질에 영향을 준다. 포도주와 사과주 등이 있다.

• **포도주**

포도를 으깨서 나온 즙을 발효시킨 술을 말하며 알코올 도수는 보통 13~15% 이다. 와인의 맛은 포도 재배지의 환경요소(떼루아: 토양, 기후, 지역 등), 품종, 재배기술, 양조기술에 따라 다르다.

• **포도주의 종류**

적포도주, 백포도주, 로제 포도주 등으로 나뉜다. 이 분류법은 포도주 색상을 근거한 분류법으로 백포도주라고 해서 꼭 청포도로만 만드는 것은 아니고, 양조법에 따라 적포도로 충분히 백포도주를 만들 수 있다.

포도의 즙과 함께 적포도의 껍질과 씨를 함께 발효시켰느냐의 여부에 따라 색상이 결정되고 이 차이가 적포도주, 백포도주, 로제, 블러시 등의 분류를 만드는 것이다.

구분	대표 품종
레드 와인	까베르네 쇼비뇽, 메를로, 피노누아, 시라, 말벡, 산지오베제, 템프라니오, 네비올라, 가메, 바르베라
화이트 와인	쇼비뇽블랑, 샤르도네, 세미용, 리슬링, 슈냉블랑, 피노블랑, 모스카토

• 복발효주

곡물을 당화하여 효모로 발효시킨 술이다. 발효와 당화가 순서대로 되는지, 동시에 되는지에 따라 단행 복발효주(맥주 등), 병행 복발효주(황주, 막걸리 등)로 분류되는데 효모의 종류에 따라 품질이 달라진다.

• 맥주

보리를 가공한 맥아(麥芽)를 발효한 술로서 알코올은 맥주의 종류에 따라 2~8% 정도의 다양한 도수를 가진 술이다. 맥주는 세계에서 가장 오래된 알코올음료로 알려져 있으며 기원전 4000년경 메소포타미아의 수메르인들이 빵을 분쇄한 다음 맥아를 넣고 발효시키는 방법으로 탄생시켰다는 것이 정설로 받아들여진다.

우리나라에 처음 맥주가 들어온 것은 1883년이며 처음 생산된 것은 1933년 일본에 의해 조선맥주, 소화기린맥주가 설립되면서 부터이다.

• 맥주의 분류

효모에 의한 분류로 상면발효(스타우트, 에일 등)와 하면발효(라거, 필스너 등)로 나뉘며 색도에 따른 분류로 농색맥주, 담색맥주, 중간색맥주 등으로 나뉜다.

흑맥주는 보리를 오래 로스팅 하여 검은 빛깔을 낸 맥주로 맥아의 색에 의한 분류이기 때문에 상면, 하면발효 맥주에 모두 흑맥주가 존재하므로 외관만으로 맥주 스타일을 판별하기는 어렵다.

증류주 (Distilled Liquor)

증류주는 알코올 도수가 낮은 포도주나 맥주 같은 발효주를 다시 가열/증류해서 만든 술이다. 각 나라마다 여러 종류의 증류주가 존재하는데 브렌디, 꼬냑, 위스키, 보드카 등이 있다.

원료	종류	원료	종류
곡류	위시키, 보드카, 진	사탕수수	RUM(럼)
과실	꼬냑, 사과주	용설란	데킬라

위스키

맥아 및 기타 곡류를 당화 발효시킨 발효주를 증류하여 만든 술이다. 주로 보리, 옥수수, 호밀, 밀 등이 원료가 된다. 증류 후에는 나무통에 넣어 숙성시키는 것이 보통이다.

분류	종류
원료 및 제조법	몰트위스키, 그레인위스키, 블렌디드위스키 등
산지	아이리시위스키, 스카치위스키, 아메리칸위스키, 케네디안위스키 등

꼬냑 (브랜디)

과일류 발효액을 증류한 알코올 성분이 강한 술이다. 흔히 브랜디라 부르는 것으로 과일을 발효, 증류, 저장, 숙성시켜 만드는데 원료로는 포도가 많고 사과나 체리를 사용하기도 한다.

브랜디의 등급은 숙성기간이 길수록 품질이 향상되므로 품질을 구별하기 위해 문자나 기호를 프랑스의 헤네시 사에서 처음 도입하였고 V. S. O. P. X 등 머리글자를 이용하여 등급을 표기하였다.

RUM (럼)

럼은 럼주라고 하며 사탕수수로 설탕을 만들고 남은 찌꺼기인 당밀이나 사탕수수 즙을 발효시킨 뒤 증류한 술이다. 럼의 도수는 최소 40도이며, 참나무통에서 얼마나 오래 숙성시키는가에 따라서 투명, 연한 황갈색, 짙은 갈색을 띤다. 주로 콜라와 섞어 얼음을 넣어 마시며, 다양한 칵테일의 베이스로 활용된다.

데킬라

테킬라는 멕시코를 대표하는 증류주로서 알코올 농도는 35~55% 정도이며, 주 재료는 멕시코 할리스코주의 데킬라 지역에서 서식하는 푸른 용설란이다. 멕시코에서는 아무것도 섞거나 곁들이지 않고 마시는 것이 보통이나, 국외에서는 주로 소금이나 라임과 함께 즐기거나 마르가리타, 마타도르, 블러디 아즈텍 등의 칵테일의 베이스로 쓰인다.

II
카페와 문화

카페의 역사

커피는 13세기에 발견되어 15세기와 16세기 초 아랍으로 퍼지면서 이슬람 종교 지도자들에 의해 음료로 받아들이게 된다.

1554년 상인인 하킴과 쳄스에 의해 콘스탄티노플(터키 이스탄불의 옛 이름)에 '차이하네'라는 커피 가게가 열렸고, 연이어 터키에는 600여개의 카페들이 생겨났다고 한다.

카페(cafe)라는 어원은 터키어로 커피를 의미하는 카흐베(kahve)와 여관이나 선술집을 의미하는 하네(hane)의 합성어인 카흐베하네(kahvehane)로 거슬러 올라갈 수 있다.

공간으로서의 카페는 종교의식을 행하기 위해 각성제로 마셨던 커피(coffee)가 종교적 기능을 잃고 변질되면서 사교의 공간으로 바뀌었는데 사교 성격을 지닌 카페가 유럽에 첫 등장한 것은 17세기부터였다.

당시 카페가 활발한 국가는 영국이었는데 최초의 커피하우스는 옥스포드에 세워졌고 1650년 런던에 '야콥스', 1720년에 개업한 베네치아의 '플로리안'이 지금도 명성을 이어가고 있다. 그러나 영국이 인도를 식민지화 하면서 차에 의해 커피가 밀려나게 되고, 그에 따라 프랑스가 카페의 왕국이 되었다.

파리에서 커피 소비가 본격화된 것은 1669년이고 최초의 카페는 1672년에 아르메니아 사람 파스칼이 생제르맹 근처에 연 카페였는데 이곳은 외형보다는 단순하고 정직한 카페여서 스타일에 집착하는 프랑스인의 관심을 끌지 못해 문을 닫고 말았다.

그들의 스타일을 만족시키는 파리 최초의 카페는 1686에 소르본 대학교가 있는 라텡구(區)에 문을 열었던 '프로코프(Procope)'였다. 이 카페는 파리 카페의 원형이자 현존하는 가장 오래된 카페이다.

당시 프로코프와 같은 카페는 격렬한 문학 토론의 장으로서 역할을 해 프랑스 고급 사교계 문화를 이끌었고 파리뿐 아니라 마르세유, 리용과 같은 큰 도시 대로변이나 네거리 광장 주변에 생긴 초창기 카페들도 마찬가지였다.

프랑스에서 18세기에 정치토론의 장이자 혁명정신의 온상지였던 카페는 19세기에 이르자 황금기를 맞이했으며 스탕달, 오스카 와일드 등 문학가들이 드나드는 문학카페로 돌아갔으며 20세기에 들어와서도 다른 나라에 비해 프랑스가 지속적으로 카페 문화의 발전을 보여주었다.

정리하자면 17세기 이후 프랑스에서 커피가 사교를 위해 마시는 음료로 대중화되면서 커피를 마시기 위한 '카페'가 급속히 확산되었다. 술을 먹지 않고 사람들이 자주 모이는 공간으로서 카페는 18세기 계몽주의 시대로 접어들면서 정치토론과 혁명정신의 장소였다.

대혁명의 시기가 지난 19세기부터 카페는 시인, 예술가, 철학자들에게 문학, 연애, 취미, 철학 등에 관한 담론의 장을 제공하였으며, 특히 20세기에는 아방가르드 문화 예술가들의 주된 창작 공간이 되었다.

한국의 카페 역사

양반 귀족 커피시대

1920년~1930년대에 서양의 신문물이 들어오고 커피를 즐길 수 있는 공간이 필요해 지면서 일본인 청년, 사교계 인사, 일본 유학을 다녀온 엘리트 계층, 문화예술인을 중심으로 퍼져 나갔다.

커피 보급화 시대 (인스턴트커피의 전성시대)

일제 강점기 다방 문화가 유입되면서 인텔리 층을 중심으로 보급되던 커피가, 해방 후 6.25전쟁이 끝나고 미군 야전 식량인 'C 레이션'에 들어있던 '인스턴트커피'가 소개되면서 일반 대중들에게 보급되었다.

인텔리들의 전유물이던 다방이 점차 대중화되고 사람들이 약속을 정하고 모이는 장소가 되었으며 심지어는 사무실 대용으로 사용되기도 했다.

커피의 대중화 시대

1960~1970년대에 다방은 더 이상 커피만 마시는 곳이 아닌 문화를 공유하고 여유를 즐길 수 있는 휴식 장소이며 시화전, 미술 전시회, 연극 공연 등이 열리는 문화공간과 사교의 장으로 거듭났다.

서울 대학로에 있는 '학림다방'이 그 대표주자로, 당시의 다방문화를 이끌었고 1968년 동서 커피가 설립된 후 커피 소비는 폭발적으로 증가해 대중들의 대표 음료로 자리 잡게 되었다.

1970년대에는 다방에 DJ까지 등장해 음악다방으로서 전성기를 보냈으며 1976년 한국 커피 역사의 한 획을 긋는 동서식품의 커피믹스와 1978년 커피 자판기가 보급되면서 대학생과 직장인을 중심으로 커피시장이 폭발적으로 성장하게 되었다.

1980년대에 이르러 본격적으로 커피전문점이 등장하기 시작했고 카페문화의 시작을 알렸는데 어두운 분위기의 다방보다는 밝고 공개적인 장소로 변화하기 시작했다.

1987년에 커피 수입이 자율화되면서 백화점 등에 원두커피가 진열되고 거리에는 '자뎅', '난다랑', '도토루' 같은 원두커피 전문점이 속속 생겼다.

커피 공화국 시대

1990년대에 원두커피를 중심으로 하는 에스프레소 커피 수요가 생겨났고 지금과 같은 커피전문점이 생겼다.

1998년 6월 '할리스커피' 강남점이 들어선 이후, 1999년에는 이화여자대학교 인근에 1호점을 낸 '스타벅스' 등 외국 프랜차이즈들이 국내에 입점하여 현재에 이르고 있으며, 2010년 중후반에는 프랜차이즈 보다 개인이 운영하는 카페가 성업하고 인스타그램 등 SNS의 발달로 소위 인증 샷을 찍기 좋은 환경을 갖춘 카페들이 곳곳에 들어서고 있다.

카페의 종류

프랜차이즈

프랜차이즈란 특정 상품이나 서비스를 제공하는 주최자가 일정한 자격을 갖춘 사람에게 자기 상품이나 서비스에 대해 일정 지역에서의 영업권을 주면서 시장을 개척하는 영업방식이다.

국내 카페는 다방 문화를 지나 1990년대 에스프레소 커피의 수요가 생기면서 오늘날과 같은 커피전문점이 생겨났는데, 외국계 대형 프랜차이즈 업체인 '할리스커피'와 '스타벅스'를 필두로 하여 토종 브랜드의 프랜차이즈도 출범하게 되었다.

이후 커피분야에 자격제도가 생기면서 커피 교육과정이 성행하였고 이로 인해 2010년대 중후반 이후에는 프랜차이즈 카페보다 개인이 운영하는 카페가 발달하게 되었다.

도심의 허름한 주택을 개조해 만든 카페 등 10평 남짓의 소규모 카페가 들어서기 시작했고, 자가용의 보급이 확대되면서 교외의 넓은 주차장과 좋은 풍경을 가진 카페들도 늘고 있다.

구분	상호	특징
중/대형 프랜차이즈	스타벅스, 투썸플레이스, 이디야, 할리스, 파스구찌, 폴바셋, 엔젤이너스, 커피빈, 탐앤탐스, 커피베이 등	큰 자본을 바탕으로 한 마케팅 능력을 갖추고 있어 소비자 인지도가 높음
테이크아웃 전문 소형 프랜차이즈	메가커피. 빽다방, 컴포즈커피, 몬스터커피, 카페루앤비 등	규모를 최소화하고 창업자의 카페운영 진입 장벽을 낮췄으며 무엇보다 커피 가격이 저렴

개인 커피숍

• 일반 카페

커피교육이 활성화되고 원두의 공급이 보편화되면서 프랜차이즈가 아닌 개인이 창업하는 일반적인 카페를 말한다. 일반 카페의 장점과 단점은 다음과 같다.

구분	내용
장점	• 창업비용 절감 (창업 준비금내에서 창업가능) • 메뉴의 다양성과 가격의 자기 결정권 • 마케팅 및 영업시간의 자유로움
단점	• 재료의 직접구매, 위생교육, 시장분석과 메뉴개발 등 직접 고민 • 차별화된 컨셉과 인테리어 고민

개인 카페 중에는 시내와 멀리 떨어진 외곽에 위치하더라도 풍경이 좋거나 다양성을 갖춘다면 꾸준한 매출을 기대할 수 있으며, 그 결과 프랜차이즈로 전환하는 곳도 있다.

• 특수 카페

로스터리 카페

생두를 구입 후 직접 볶아 원두를 판매하는 카페를 로스터리 카페라 한다. 커피교육이 활성화되면서 추출, 로스팅 등 다양한 교육과정을 통해 로스터리 카페가 성업하고 있다.
소규모 로스터리 카페와 대형화로 원두를 납품하면서 운영하는 카페도 있는데 커피 원가와 향. 맛의 차별화를 원한다면 충분한 교육을 받은 후 직접 로스팅하여 카페를 운영하는 것도 방법이다.

브런치 카페

아침 겸 점심으로 먹는 오전 식사를 브런치라 한다. 트렌드의 변화로 웰빙을 추구하고, 커피 애호가들이 커피뿐만 아니라 식사가 가능한 곳을 선호하다 보니 레스토랑 타입의 카페나 혹은 케이크, 빵 전문점들이 커피를 판매하면서 간단한 식사가 가능한 곳이다.

디저트 카페

식사가 끝나고 제공되는 과자. 쿠키. 과일 등을 디저트라 하는데 이러한 디저트 음식을 주 메뉴로 하여 음료나 차를 판매하는 곳을 디저트 카페라 한다.
수제쿠키 전문점. 생크림케이크 전문점, 주문제작 케이크 전문점, 마카롱카페, 까눌레밀크티 전문점, 브레드 카페 등 20~30대 젊은 여성층이 주 고객이다.

에스프레소 바

이탈리아의 정통 커피인 에스프레소는 쓴맛이 강해 물을 희석시킨 음료인 아메리카노가 커피시장의 주류였다. 그런데 커피시장이 성숙해지고 소비자의 취향이 다양해지면서 추출커피 그대를 즐기는 에스프레소 바가 확산되고 있다.
아메리카노에 비해 대중적인 수요는 적지만 젊은 여성 및 직장인들, 노신사에 이르기까지 마니아층이 강한 블루오션이다. 아직 확장세가 느리지만 다양한 콘셉트로 업체마다 메뉴 전략을 달리하여 시장 선점을 겨냥하고 있다

한국의 카페문화

한국의 커피 역사는 1856년 유길준의 서유견문에 커피에 대한 최초 기록이 남아있고 고종도 러시아 공사관을 통해 커피를 접했다는 기록이 있다.

1888년 우리나라 최초의 호텔인 인천 제물포 대불호텔 내에 다방이 있었으며, 1919년 이후 명동 충무로에 커피숍이 생기기 시작했지만 일반인들은 가격이 비싸 마실 수 없었고 서양인 귀족만 즐겼다고 한다. 1930년대 들어와 다방이 서울의 명물로 급부상하게 되는데 다실이나 찻집 등으로 불려졌다.

카페는 다방이 등장할 즈음 일본인에 의해 충무로를 중심으로 생겨났고 홍차 등도 함께 판매했다. 점진적으로 우리나라 문학가, 예술인. 화가, 영화인 등 유명 인사들이 다방을 운영하기도 하고 젊은 지식인들이 자주 찾아 화젯거리가 되기도 했다.

1960년대 들어 명동의 다방과 음악감상실은 경제적으로 궁핍했던 예술가들에게 지적 풍요를 주었던 곳이었으며 1970년대에 이르러 커피전문점의 효시라 할 수 있는 '난다랑'이 생겼다.

이곳은 원두커피를 최초로 판매한 프랜차이즈 형태의 커피숍으로 국내에 새로운 커피문화를 주도하였고 기존 다방 문화와는 다른 모습으로서 테이블에 커피 설명서를 비치하여 손님들에게 원두커피에 대한 지식을 알렸던 점이 높이 평가되었다.

그 후 1999년 신촌에 스타벅스 1호점이 오픈하고 2000년대에 대기업 프랜차이즈인 엔젤이너스, 커피빈, 투썸플레이스. 할리스 등이 생겨나게 되었다.

2021년 통계자료를 보면 한국의 연간 커피 수입액은 1조를 넘겼으며 우리나라는 일본보다 그 수가 더 많은 스몰 로스터리 카페가 성장하고 있다.

2021년말 기준 커피전문점의 수는 8만여개로 국내 편의점 수의 2배에 달한다. 가히 커피공화국이란 말이 무색하지 않으며 앞으로도 더 성장할 것으로 예측하고 있다.

근래 전문 카페는 음료 안내판 주고 커피 취향을 묻고, 추출 방식을 선택하도록 하는 스페셜티커피 즉 프리미엄 콘셉트로 운영하는 단계로 발전하고 있다.

최근 카페 동향

무인카페

한때 보드게임카페, 만화카페, 북카페 등이 유행이었다면 최근 몇 년 사이에 무인카페가 늘고 있는데 창업비용과 인건비 부담으로 인해 나타나는 현상인 듯하다.

무인카페는 커피만 판매하는 것이 아니라 음료, 과자, 라면 등 다양한 제품도 제공함으로서 무인 편의점처럼 성장할 것으로 예상할 수 있다.

구분	무인카페의 장점
편리성	점주 및 고객의 편리성을 모두 고려
자동화	24시간 무인 자동화 시스템
인건비	인건비 최소화
품질	간단한 터치나 작동으로 일정한 커피와 음료의 맛과 품질 제공
언택트	사회적 거리두기의 실천

로봇카페

모바일 애플리케이션과 무인단말기(키오스크), QR 코드를 통해 메뉴를 주문하고 로봇이 만들어 고객의 좌석까지 자동으로 서빙해주는 카페이다.

직원이 불필요한 무인화 카페로 고정비와 운영비를 절감할 수 있고 24시간 운영도 가능하여 기업의 카페테리아에 최적화 시스템으로 평가되기도 한다.

이색카페

테마카페라고 불리기도 하며 커피 자체의 맛이나 품질보다는 특정 테마를 정해서 휴식이나 놀이를 즐기는 곳 정도의 의미를 지닌 곳이다.

예를 들면 애견카페, 게임카페, 보드카페, 키즈카페. 피규어카페, 건프라카페, 사주카페 등이 있다. 이색 카페 중에는 커피와 거의 무관하지만 카페라는 상호를 붙이는 곳이 있음으로 유의하여야 한다.

III
카페의 설계

사업계획서 작성

사업계획서 작성 요령

구분	내용
누가(Who)	현재의 나
어디서(Where)	고객 타킷
무엇을(What)	어떤 형태
어떻게(How)	장비/재료구입, 매장관리, 마케팅, 복장, 주차관리, 직원교육, 매출, 이익, 이익분배, 오픈행사
언제(When)	진행과정

사업계획서 내용
- 시장과 유행, 입지의 계약조건
- 사업의 목적과 가치, 사업의 개요
- 매장의 규모, 인테리어의 선정
- 마케팅의 계획
- 자금의 조달 및 매출, 지출 계획
- 인원과 오픈 일정, 서비스 컨셉 및 관리계획

예산의 설정

소요 자금 계획

비목	정의
재료비	사업계획서 상의 사업을 위해 소요되는 원료를 구입하는 비용
외주용역비	창업기업이 자체적으로 사제품 제작을 완성할 수 없는 경우 일부 공정에 대해 외부업체에 의뢰하여 제작하고, 이에 대한 대가를 지급하는 비용
기계장치	사업화를 위해 필요한 일정 횟수 또는 반영구적으로 사용 가능한 기계 또는 설비, 비품을 구입하는 비용
특허권 등 무형자산 취득비	사업계획서 상의 창업 아이템과 직접 관련있는 지식재산권 등의 출원, 등록관련 비용
인건비	창업기업 소속직원(정규직, 비정규직, 무기 계약직)에 대한 보수/사업수행을 위한 일용직, 기간제 근로자 등 임시직에 대한 보수
지급수수료	기술이전비, 학회 세미나 참가비, 전시회(박람회) 참가비, 시험인증비, 멘토링비, 운반비, 보험료, 법인 설립비(온라인법인시스템 활용시), 회계감사비/기자재 임차료, 사무실 임대료, 보관료
여비	창업기업 대표, 재직 임직원이 사업화를 위해 타 국가로 출장 등의 사유로 집행하는 비용
교육훈련비	창업기업 대표, 재직 임직원이 사업화를 위해 기술 및 경영교육 이수 시 집행하는 비용
광고 선전비	창업기업 제품과 기업을 홍보하기 위한 홈페이지 제작비, 홍보영상 및 홍보물 제작비, 포장디자인비, 일간지 등의 광고 게재, 기타 마케팅에 소요되는 비용(또는 계약을 체결하여 외부업체에 의뢰하는 경우 포함)
창업활동비	특정업무담당분야에 근무하는 자에 대한 활동비로 월정액(월 50만원 한도)을 지급하는 경비

자금의 조달 계획
최소와 최대 효율적인 방법론을 모색한다.

자금의 상환 계획
인테리어에 대한 감가상각과 가용한 현금과 정산해야 하는 금액의 계획을 수립한다.

예상 손익계산
예상은 빗나갈 수 있지만 예상 매출과 예상 지출 계획을 수립한다.

입지의 선정

카페의 입지는 메뉴와 매출, 장비, 감가상각 등 모든 항목에 영향을 미치는 가장 중요한 요소로 그 중요성을 아무리 강조해도 지나치지 않는다.

구분	내용
입지 요소	• 어느 지역에 카페를 오픈할 것인지 • 규모는 어떻게 할 것인지 • 투자비용은 어느 정도 책정할 것인지 • 임대 또는 자가의 형태인지
계약 단계에서 확인 사항	• 건물의 용도 • 정화조 시설의 유무와 처리 용량 • 건물의 주차 공간 • 카페 위치가 1층이 아닌 경우, 비상구의 여부 • 유동인구 현황 • 경쟁업체의 유무와 벤치마킹 • 임대면적과 실평수의 차이 • 등기부등본상의 소유주와 실소유주 • 도시계획확인원을 열람, 재개발 계획 여부 • 외부인테리어, 테라스 및 파라솔의 사용 유무 • 권리금의 유무 • 사업자 등록 시 확정일자 (관할 세무서에 받음)

세무와 법률

카페 운영은 사업임으로 꼭 필요한 세무와 법률 지식을 알아두어야 한다. 특히 사업자에게 있어 세무와 법률을 몰라 발생하는 손실의 규모는 폐업에까지도 그 영향이 미칠 수 있음으로 중요한 부분이다.

주요 법률
- 임차기간 보장: 5년간
- 보증금 우선변제: 임대인의 건물이 경매나 공매로 넘어갈 경우 임차인이 확정일자를 받은 경우에 한하여 우선적으로 변제를 받을 수 있는 권리
- 권리금과 시설비는 임대차보호법에 근거하여 인정하지 않지만 임차인에게 임대보증기간 연장권리를 부여하여 시설비에 한해 금액을 회수할 수 있음
- 임대인이 매매를 통해 바뀌더라도 카페를 실제 사용하면서 사업자등록을 하였을 경우, 별도의 계약 없이 카페 운영 가능

- 임대료 인상 제한 확인 필요
- 휴게음식점으로 영업허가를 받을지, 일반음식점으로 받을지 여부는 식사의 유무와 주류 판매를 고민하여 결정
- 영업허가 순서

위생교육	• 휴게음식점: 한국휴게실업중앙회 • 일반음식점: 한국일반음식업중앙회 • 교유시간: 1일(6시간)

↓

보건증	• 관할 보건소 • 사진 2매, 신분증 필요 • 발급까지 3일

↓

소방시설	• 2층 이상: 100㎡ 이상 • 지하: 66㎡ 이상 • 소방시설 및 방화시설

↓

영업허가	• 관할구청

↓

사업자 등록	• 관할 세무서 • 주민등록등본, 임대차계약서 사본, 영업허가증 필요

주요 세무

- 소득세는 경제활동을 통하여 얻는 소득에 대한 과세로 1월에 연간소득을 정산하여 5월에 납부한다.

소득세 산출방법	/ 소득금액 = 연간 총 수입금액 − 필요경비 / 소득금액 = 연간 총 수입금액 × 표준 소득율 / 산출세액 = (소득금액 − 소득공제) × 세율 / 결정세액 = 산출세액 − (세액공제 + 감면세액) / 자진 납부 세액 = 결정세액 − 이미 납부한 세액

- 모든 물품을 구입하거나 판매할 때 10%의 세금이 납부되는데 이를 부가가치세라고 한다. 소비자가 물품을 구입 할 때 우선 납부하게 되고 판매자는 이를 받아 일정기간 안에 납부하여야 한다.
- 부가가치세의 과세기간은 매년 1월1일부터 6월30일까지 제1기, 7월1일부터 12월31일까지를 제2기로 구분하고 제1기분 신고납부는 7월25일까지, 제2기분의 신고납부는 다음연도 1월25일까지 사업장 소재지 관할 세무서에 확정 신고를 한 후 납부하여야 한다.

부가가치세 산출방법	/ 부가가치 세액 = 부가가치 × 세율 = (매출액 − 매입액) × 세율 = 매출세액 − 매입세액
	※ 다만 1년의 매출이 4,800만원 이하의 간이과세자로 등록한 카페라면 / 부가가치 세액 = (총매출액 × 업종별부가가치율(35%) × 10/100) − (매일세액 합계액 × 2/100)

- 세금계산서는 일반사업자나 법인사업자의 경우 발행해야 하는데 사업자에 대한 일반적인정보와 거래품목, 수량, 거래금액 등이 표시된다.

인테리어

카페는 디스플레이에 의한 시각, 잘 선정된 음악에 의한 청각, 커피 향에 의한 후각, 좋은 재질의 가구와 찻잔에서 느껴지는 촉각, 음료의 맛에서 느껴지는 미각 등 고객의 오감 중 하나만 부족해도 만족을 못하는 경우가 있다.

따라서 카페 인테리어란 단순히 커피를 마시는 장소라는 인식을 뛰어넘어 공간과 문화의 장소를 만들어낸다는 인식이 필요하다.

그러기 위해서 우선, 인테리어 예산 결정을 위한 윤곽이 필요한데 이때 중요한 것이 상권분석이다. 상권분석은 전문가나 경험이 풍부한 사업자가 아닌 경우 정확한 결과를 얻기가 쉽지 않음으로 소상공인진흥공단에서 제공하는 '상권정보' 분석시스템을 활용한다면 큰 도움이 될 것이다. 이용료는 무료지만 상당히 정교한 싱크로율을 자랑한다.

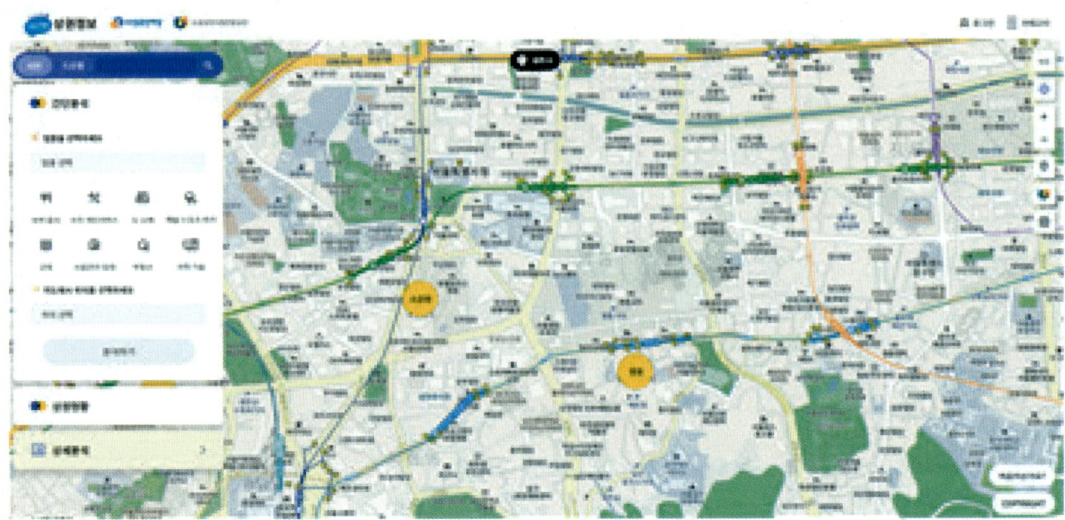

(소상공인진흥공단 상권정보 (sbiz.or.kr) 예시)

주변현황과 상권분석을 기반으로 어느 정도 윤곽이 도출되었다면 스타일과 컨셉을 설정한다.

컨셉 종류	내용
모던 스타일 (modern style)	군더더기 없이 간결하고, 밝은 색채감으로 시대에 앞서간다는 의미의 카페
클래식 스타일 (classic style)	고전적이고 복고적이어서 젊은층보다는 장년층을 위한 카페 (유행에 둔감)
하이테크 스타일 (hightech style)	새로운 소재를 사용한 건축, 인테리어, 가구 등으로 미래지향적 느낌의 카페
페밀리 스타일 (family style)	가족단위의 식사와 브런치, 빵을 모티브로 한 카페
컨트리 스타일 (country style)	미국 웨스턴 느낌에 거칠고 야생적인 느낌이 강조되는 카페
퓨전 스타일 (fusion style)	동양/서양, 식사/음료, 과거/미래가 만나는 퓨전 스타일 테마가 강조되는 카페
차 카페 스타일 (teahouse cafe style)	전통차와 서양의 차를 베이스로 전통 가옥구조와 같은 목가적 형태가 강조된 카페
로드샵 스타일 (roadshop style)	바쁜 현대인들을 대상으로 테이크아웃의 편리성과 신속성이 강조된 카페
노천카페 스타일 (outdoor cafe style)	유럽과 같이 외부에 테이블을 놓고 주위의 풍경을 함께 즐길 수 있는 카페

스타일과 컨셉 선정은 원활한 인테리어 설계진행을 위해 공사업자와 의뢰인의 이해를 돕고 세분화된 공사 예산을 위해서도 필수적이다.

(카페 공사 견적서 예시)

공사 예산이 책정되었다면 설계 후 공사를 진행해야 하는데 우선 설계자를 선정할 때 다음과 같은 사항을 고려하여야 한다.

설계자 선정 시 고려 사항	• 실적 • 설계의 공유 및 협력 • 견적에 의한 예산 타당성 • 공사추진 이행 능력 • 설비 및 구조의 문제발생 시 해결 능력

설계자를 선정하였다면, 공사 일정을 조율하는데 사실 최적의 공사기간은 너무 빠르지도 너무 느리지도 않은 밸런스가 중요하고, 공사가 진행되면서 바리스타의 작업동선, 테이블 좌석 수, 수납공간, 환기 및 냉난방, 로고 계획, 조명 등을 점검한다.

또한 시공할 때는 작업 순서가 매우 중요한데 다음과 같다.

시공 시 작업 순서	ⓐ 철거 공사 ⓑ 목(木) 공사 ⓒ 도장 공사 ⓓ 타일 및 바닥 공사 ⓔ 철물 및 유리 공사	ⓕ 주방 공사 ⓖ 전기 공사 ⓗ 가구 공사 ⓘ 간판 공사 ⓙ 디스플레이 공사

장비구입

카페에서 구입해야 할 장비는 매우 다양한데 용도와 컨셉에 맞는 것을 미리 알아보고 인테리어 마감 전에 구입함으로서 적합성을 높이고 낭비를 줄일 수 있다. 장비를 필요성에 따라 구분해 본다면 다음과 같다.

구분	내용
필수 장비	에스프레소머신, 그라인더, 핫워터 디스펜서, 냉장고, 냉동고, 제빙기, 냉난방기, 음향장비
메뉴에 따른 필요장비	파니니그릴, 눈꽃 빙수기, 오븐, 아이스크림 메이커, 그릴, 블랜더
도움을 주는 서브장비	식기 세척기, 브루잉 머신, 전자레인지, 음료 쇼케이스, 금전등록기, 팩스/전화기

재료구입

카페 운영의 성패는 재료 구입에서부터 시작된다 해도 과언이 아닌데 먼저, 재료의 핵심인 커피부터 알아보자.

가장 좋은 방법은 로스터기를 구입하여 직접 로스팅하면 좋겠지만 공간의 협소성, 전문성과 실전경험의 부재 등으로 원두를 납품받아야 한다면 납품업체 여러 곳을 알아보고 샘플을 요청하여 맛을 본 후 결정한다.

원두 납품업체 선정 시 유의사항	• 로스터기의 종류와 용량 • 로스터의 역량과 전문성 • 로스팅 업체의 파트너 쉽	• 원산지의 종류와 블렌딩 방법 • 로스팅 포인트와 로스팅 로그 • 합리적인 가격과 일률적인 커피 맛

에스프레소는 카페메뉴 중 가장 많은 비중을 차지하고 있고 에스프레소 베리에이션 뿐 만 아니라 카페의 이미지와 매출에도 큰 영향을 주고 있음으로 에스프레소 추출의 다양한 변수를 잘 통제하고, 사용하는 원두종류에 따른 알맞은 레시피 설계와 품질관리가 중요하다.

다음으로 우유의 경우는 시중에서 판매하는 시유(市乳)를 원칙으로 하지만 지방 함량을 달리하는 무지방, 저지방 우유나 멸균 형태로 수입되고 있는 외국산 우유도 사용된다.

최근 들어 귀리나 아몬드와 같은 곡물과 너트 류가 가미된 우유, 혹은 유당불내증(유당을 소화시키지 못하는 질환)을 완화하기 위해 만들어진 락토프리 우유도 많이 사용된다.

그밖에 카페에서 사용되어지는 재료로는 녹차, 홍차 같은 차 종류와 각종 소스 및 파우더, 시럽, 탄산수, 아이스크림, 과일, 요거트, 과일 농축액 등 카페의 컵셉과 메뉴에 따라 너무나 다양하지만, 합리적 가격과 공급의 편리성 뿐 아니라 맛과 안정성을 고려해 구입한다면 최상이라 할 수 있다.

매장관리

아무리 인테리어가 훌륭하고 인기있는 시그니처 음료를 가진 카페라 할지라도 직원이 부족하고 영업시간 또한 일정하지 않으며 음료 관리가 제대로 되지 않는다면 존립 자체가 위험할 것이다.

그래서 성공적인 카페의 지속 가능성을 위해 필요한 관리의 종류와 방법을 익히는 것은 상당히 중요하다.

- 회계 관리: 판매일지를 기반으로 한 수입대비 지출의 관리 및 감가상각비용 산출 관리
- 시설 관리: 인테리어의 디스플레이와 소재에 특수성을 이해하고 그에 따른 청소 및 관리

화장실 일일 점검표											
화장실		점검일시	년 월 일			담당자					
점검항목		점검내용	점검결과 10시			점검결과 17시			점검결과 20시		
			양호	보통	미흡	양호	보통	미흡	양호	보통	미흡
쾌적성	냄새	좋지 않은 냄새가 나는가									
	조명	조명은 적당 한가									
청소	변기	변기 안쪽까지도 청소가 되어있는가									
	변기실	바닥에 물이 고여 있지 않은가									
	소변기	소변기 겉에 이물질이 묻어 있는가									
	화장실바닥	바닥에 물이 고요 있는가(침, 이물질)									
	휴지통	휴지통은 깨끗한가									
	세면대	치약, 비눗물이 묻어 있지 않은가									
	거울	물 튄 자국이 남아 있는가									
	벽	낙서, 찌든때가 없는가									
	천장	거미줄, 이물질이 없는가									
시설 상태	세면기	파손된 곳은 없는가									
	변기	배수는 잘 되는가									
	소변기	파손이나 막힌 곳은 없는가									
	배기설비	막힌 곳은 없는가									
	거울	금이 가거나 깨진 곳은 없는가									
	핸드타올	모자라지는 않는가									
	휴지통	교체시까지 여분은 있는가									
	비누	사용 흔적이 있는가									
	가글	여유분이 있는가									

(시설 관리 예시)

- 설비 관리: 에스프레소머신 그룹청소, 포터필터 청소, 핫워터 디스펜서 청소, 그라인더 청소, 스팀밸브 청소, 정수기 필터 교환, 제빙기, 냉난방기, 냉장고, 냉동고, 주방기기 소독

구분	내용	매일	매주	매월	비고
1	포터필터 + 블라인드바스켓 청소	●			
2	포터필터 + 약품 청소		●		
3	그룹헤드 청소 (백플러싱)	●			
4	포터필터 내부 청소	●			부드러운 솔로 닦기
5	스팀노즐 청소	●			
6	스팀노즐 분해 청소		●		
7	드립트레이 청소	●			
8	샤워스크린 분해 청소			●	
9	그라인더 호퍼 및 주변 청소	●			
10	그라인더 분해 청소			●	매주 가능하면 더 좋음

(설비 관리 예시)

- 매장 관리: 카페 문을 열고 닫을 때까지 이유 있는 행동과 태도를 매뉴얼화하고 카페 컨셉과 스타일에 맞는 직원과 파트타임 직원을 채용하고 근무시간을 분배한다.

- 고객 관리: 고객 맞이 → 주문받기 → 메뉴 만들기 → 고객 응대

고객 맞이	반가운 인사와 함께, 고객의 성향을 파악한다.
주문 받기	최대한 고객의 입장에서 자세한 메뉴판과 주문시스템을 구성하고, 메뉴에 대한 자세한 설명을 한다.
메뉴 만들기	정해진 레시피를 잘 숙지하고, 작업 동선에 맞게 재료의 위치를 선택하여, 효율성과 동시에 신속한 음료 완성도를 구현한다.
고객 응대	카페 내부에서 뛰거나 지나친 소음을 관리하여 다른 고객에게 피해가 가는 일이 없도록 하고, 세심한 관찰력과 배려로 고객의 불편한 사항을 사전에 점검하도록 한다.

- 직원 관리: 직급과 직무에 맞는 매뉴얼을 만들어 숙지하게 하고, 직원채용에서부터 교육, 근무환경, 복지, 보험, 근무조건 등 카페운영에 있어서 직원 관리는 제3의 고객이라고 부를 만큼 카페 성공의 가장 중요한 요소이다.

마케팅

카페의 메뉴와 스타일, 컨셉 등을 다양한 매체를 활용해 알리는 행위를 의미하는데 현대 카페시장에서는 SNS와 같은 상호소통 미디어가 개발되면서 그 중요성이 매우 높아졌다.

마케팅의 종류로는 로고 및 간판 같은 계획이 있고, 외부 쇼 윈도우, 오픈행사나 POP 광고 같은 행사 마케팅, 세트 메뉴나 할인행사와 같은 가격 마케팅, 굿즈(GOODS)나 기프트 카드 같은 이미지 마케팅 등이 있다.

IV
카페와 장비

에스프레소 머신

에스프레소 커피는 19세기 말, 한 잔에 5분 이상 기다려야 하는 커피를 보다 빠르게 서빙하기 위해 이탈리아에서 최초로 개발되었다. 그 처음은 증기압에 의한 추출방식이었는데 이 방식은 양질의 커피를 추출하지 못했다.

그 이후 발전을 거듭하여 1961년 '열 교환기'와 '전기 기계식 모터'를 장착한 현대화된 에스프레소 머신이 개발되었고, 이는 지금까지 사용하는 에스프레소 커피머신의 시초가 되었다.

이후 수력시스템의 변화와 추가 장치들을 새롭게 부착하여 품질 좋은 커피를 제공할 수 있게 되었고 바리스타들에게도 편리성을 제공하고 있다.

에스프레소 머신의 이해와 역할
- 에스프레소 커피를 위한 3요소: 바리스타, 장비(커피머신/그라인더), 원두
- 에스프레소 머신의 역할: 일정한 온도와 압력유지(연속 추출 시)

에스프레소 머신의 작동 환경

구분	내용
1.0 ~ 1.2 bar	서비스 보일러 적정 압력
3 ~ 5 bar	권장 기본 수압 (원 급수)
8 ~ 9 bar	권장 추출 압력 (원 급수 + 모터)
30 ml	한 잔의 에스프레소 기준량
90 ~ 95 ℃	적정 추출수 온도

에스프레소 머신의 설치환경

- 상판 재질: 100kg 이상의 무게를 버티는 원목 혹은 인조대리석 권장. 지지대는 반드시 금속 재질 이어야 함.
- 설치 공간: 머신이 들어갈 공간은 2그룹 머신을 기준할 경우 규격은 최소 W2000 × D600 × H700(mm)의 공간을 권장함. (커피머신 + 그라인더 + 넉박스 + 핫워터디스펜서)
- 작업대 높이: 바닥에서 약 90cm 정도

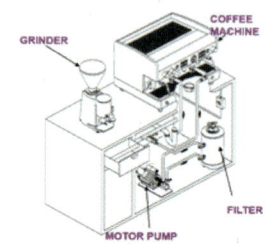

에스프레소 머신의 작동환경 (전기)

- 배선용 차단기는 최소 50A 이상 용량
- 커피머신 전용 차단기는 30A 이상이며 반드시 단독 선이어야 함.
- 머신 설치 장소 1m 내에 전용 누전차단기를 설치해야 하는데 전선의 굵기는 6스퀘어, 3가닥 전선 굵기가 동일해야 하고 차단기 커버가 있어야 함
- 접지선 필요

 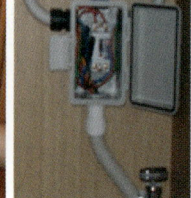

(분전반)   (전용 누전차단기)

에스프레소 머신의 작동환경 (급수)

- 원수의 압력은 2bar 이상 5bar 미만
- 2bar 미만일 경우 가압해야 함
- 5bar 이상일 경우 감압기 설치해야 함
- 건물 구조에 따라 시간대에 따른 원수 압력 편차 폭 확인
- 급수 라인은 1~2년에 한 번 교체 권장

에스프레소 머신의 작동환경 (정수/연수)

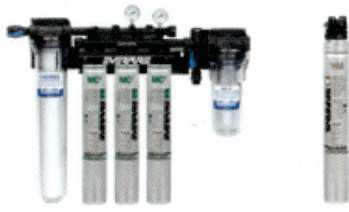  

정수기 필터의 기능
- 스케일 생성 억제
- 화학물질 제거 (염소, 악취 등)
- 불순물 제거 (포낭 미생물 제거)

연수기능 정수필터
- 탄산경도 하락: 스케일 원인성분 제거
- 장비 부식방지: 플리인산염 코팅
- 청녹발생 방지
- 정수필터 기능 포함

에스프레소 머신의 작동환경 (배수)

- 머신 하부 수직으로 위치 권장
- 머신에서 1~2m 이내에 위치 권장
- 배수라인이 처지지 않도록 하고 부득이한 경우 별도 급수 물통 설치 권장
- 배수 라인은 1년 주기로 교체 권장

에스프레소 머신의 종류와 선택

구분	그라인더	커피추출	스티밍	비고
수동 머신	분리	수동	수동	전 과정 수동
반자동 머신	분리	자동	수동	커피 추출만 자동
자동 머신	일체	자동	수동	그라인딩부터 추출까지 자동
전자동 머신	일체	자동	자동	우유 메뉴까지 자동

• **수동 머신 (Manual Espresso Machine)**

레버형으로 불리는 이 머신은 지렛대와 스프링의 원리를 이용한 방식으로 초기에 높은 압력으로 추출을 시작해 갈수록 압력이 낮아지기 때문에 산미가 절제되어있는 원두나, 강배전 원두를 사용하는 매장에 유리하다. 소비자들의 비주얼 관심도를 끌 수 있어 오픈형 매장에 적합하나, 레버를 작동하는데 많은 힘이 필요하고, 일정한 추출압력을 유지하기 어려워 여러 바리스타가 근무하는 매장에서는 커피품질을 관리하기 어렵다.

• **반자동 머신 (Semi-automatic Espresso Machine)**

수동머신은 스프링의 장력을 이용해 추출하는데 비해 반자동 머신은 전동 펌프의 일정한 압력으로 추출한다. 유량을 조절하는 플로우 미터를 사용하는 것과 사용하지 않는 것으로 구분되는데, 사용하는 경우 바리스타가 추출에서 자유로워져 주문이나 베리에이션 제작 업무를 병행할 수 있는 반면, 사용하지 않는 경우 바리스타가 추출의 전 과정을 지켜봐야하는 불편함이 있다. 하지만, 가장 많이 사용 되어지는 머신임에는 틀림없다.

• **자동 머신 (Automatic Espresso Machine)**

그라인더와 에스프레소 머신이 일체형으로 구성되어 있어 분쇄에서 추출까지 한 번에 이루어지는 형태이다. 바리스타가 추출 뿐 아니라 여러 업무를 병행해야 하는 경우와 소비자가 직접 추출하는 경우에 적합한 머신이다. 레스토랑, 뷔페, 샵 인샵, 베이커리 같은 매장에서 사용되어지고 있다.

• **전자동 머신 (Full Automatic Espresso Machine)**

우유 스티밍 기능까지 포함되어 있어 버튼 하나로 베리에이션 메뉴까지 한 번에 만들 수 있는 형태이다. 높은 구입가격으로 인해 초기 투자비용이 부담이지만 인건비 절감, 비용 절감, 안정적인 품질관리 등에 유리하기 때문에 매장에서 선호되는 머신이다.

커피 머신의 청소

커피 머신의 사용방법과 관리에 따라 커피 맛은 현저하게 달라지며, 매장의 매출과 머신의 수명에도 크게 영향을 줌으로 합리적인 관리와 올바른 청소가 필수 요소라 할 수 있다.

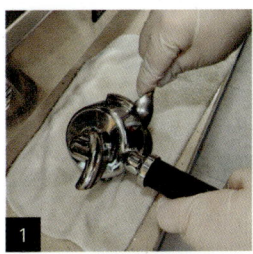	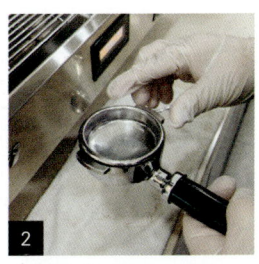		
포터필터의 필터바스켓을 분리한다.	블라인드 바스켓으로 변경한다.	머신 청소 약품을 1티스푼 넣는다.	그룹 헤드에 장착 후 추출 버튼을 누른다.
			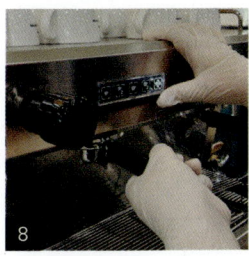
버튼의 불빛이 깜박거림부터 15초 정도 머문 후 추출 버튼을 누른다.	15초 정도 멈춘 후 추출 버튼을 다시 누른다. (반복 3회)	포터필터를 이용하여 헹굼 작업을 한다. 물로 헹군 후 샤워스크린 부분을 솔로 문지른다.	포터 필터를 그룹 헤드에 장착한 후 추출 버튼을 누른 후 깜박할 때까지 머물고 멈춘 후 다시 추출 버튼을 누른다. (반복 3회)

헹굼 작업이 끝난 후 깨끗한 행주를 이용하여 주변 및 샤워스크린부분을 닦아준다.	포터필터와 필터바스켓을 약품이 풀린 물에 넣어 놓은 후 포터필터를 세척한다.	트레이 부분을 분리하여 세척한 후 물기를 닦고 머신에 장착한다.	깨끗이 세척된 포터필터를 그룹헤드에 장착하고 추출버튼을 누른다.
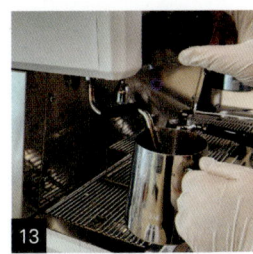	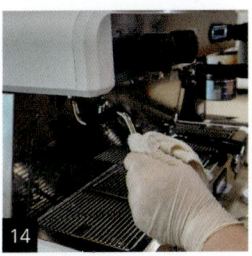		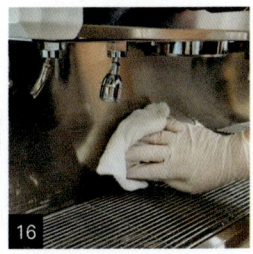
스팀 피처에 차가운 물을 받아 스팀 노즐을 담근 후 스팀 레버를 돌린다. (차가운 물 → 뜨거운 물)	레버를 잠근 후 깨끗한 행주로 노즐 주위를 닦아준다.	스팀 노즐을 안전한 쪽으로 보낸 후, 스팀 레버를 돌려 스팀을 한번 분사한다.	머신 주변을 깨끗하게 닦는다.

〈커피 머신의 청소 방법〉

그라인더

그라인더의 방식

(수동 그라인더)   (자동 그라인더)

그라인더의 용량

종류	Model. S	Model. M	Model. R
Bur	64mm / FLAT	83mm / FLAT	71mm / CONICAL
회전수	1600rpm	1600rpm	500rpm
용량	2~3kg	3~5kg	5kg~

그라인더의 장/단점

		장점	단점
수동		• 저렴한 가격 • 커피가루 관리 용이	• 사용 숙련도 필요
자동		• 여러 사람이 사용해도 일률적인 양	• 원두 컨테이너 양의 관리 필요 (정량을 위해)

분쇄도 조절 요령

- 분쇄도 조절 너트를 양 칼날이 맞닿을 때까지 돌려놓는다.
- 다시 약 반 바퀴 정도, 굵은 분쇄도 쪽으로 돌려놓는다.
- 2~3회 원두를 분쇄하면서 원두가루 굵기를 체크한다.
- 정량의 원두가루를 포터필터에 담고 탬핑 후 추출한다.
- 기준 값을 정했다면 원하는 양과 시간을 위해 분쇄도 조절 너트를 조정하여 원하는 결과를 얻는다.

유의 사항	• 원두 제조일자에 따라 분쇄도 조절에 어려움이 생길 수 있음으로 제조일자 확인 • 분쇄도 조절 너트 조정 후 약 2~3회 배출 이후의 결과물로 분쇄도를 다시 측정 • 자가 블렌딩 시 원두의 크기가 고르지 않을 경우 분쇄도 조절이 어려울 수 있음 • 분쇄도 조절 너트를 움직일 때는 그라인더가 회전하는 상태에서 돌리는 것이 효과적

그라인더 청소관리의 개요

폐장 시 일일 그라인더 청소 관리는

- 사용 원두는 유리 밀폐 용기에 보관한다.
- 분쇄도 조절너트를 굵은 쪽으로 1~2바퀴 돌려서 칼날의 간격을 벌려준다.
- 그라인딩을 1~2회 실시하여 잔여 원두를 배출한다.
- 청소 브러시와 진공청소기로 그라인딩 챔버에 잔여 원두가 없도록 깔끔하게 청소한다.
- 다음날 사용할 원두는 다음날 아침에 담아서 사용한다.

그라인더 청소 순서

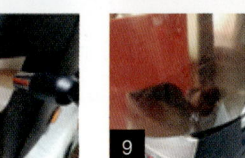

제빙기

제빙기는 압축기에 의해 팬을 회전시켜 얼음을 얼리는 기기로서 공기 순환이 잘 되지 않는 경우에 쉽게 고장 날 수 있다. 따라서 주변 공간을 여유롭게 배치하고 제빙기 앞부분에 있는 필터를 자주 세척해 줘야 한다. 또한 정수필터의 교체와 제빙기 내부 청소도 자주 해주어야 한다.

냉장 냉동시설

냉장 냉동 시설은 직사광선이나 열원에서 멀리 떨어진 곳에 설치해야 한다. 만약 그렇지 않으면 많은 전력이 소모된다. 식품 수납양은 전체 용량의 70%가 넘지 않게 하고 냉동실 기준 영하 18℃, 냉장실 기준 영상 5℃ 이하로 관리하여야 한다. 아이스크림의 저장인 경우 영하 13~18℃로 유지한다. 주 1회 이상 소독과 청소를 한다.

기타 주방 기기 소독

행주와 린넨은 카페에서 자주 사용하는 물품으로 세균의 발생 위험이 매우 높기 때문에 매일 소독해 주어야 한다. 맑은 물에 깨끗이 행군 후 100℃의 물에 삶거나 락스 등에 담가 살균한다. 마른 행주와 젖은 행주를 구분해서 사용하는 것이 위생에 좋으며 칼은 끓는 물에 1분 이상 담갔다 사용한다. 스푼은 식기 세척기나 손으로 깨끗이 씻어낸 후 건조시켜 보관하고 컵은 살균 건조기에 넣어 소독 후 건식 보관한다.

V
에스프레소의 이해

에스프레소 추출

에스프레소는 생두를 볶은 원두를 그라인더에 넣고 가늘게 갈아서 고온고압의 머신에 넣고, 진하게 추출한 커피를 말한다. 추출량에 따라 이탈리아에서는 리스트레토, 에스프레소, 룽고로 분류하기도 하고 SCA에서는 원두 사용량 대비, 추출량의 비율로 에스프레소를 분류하기도 한다.

미국의 커피학자, 스콧 라오(Scatt Rao)는 앤디 쉑터의 제조비율표를 인용하며 환경에 따라 시시각각 변하는 용량(부피) 대신 질량(무게)이 에스프레소의 항상성을 유지하고 맛을 관리하는데 효율적이라고 주장하기도 한다.

Brewing Ratios for Espresso Coffee		dry coffee grams			beverage grams			brewing ratio (dry/liquid)			gross volume (incl crema) oz		gross volume (incl crema) ml	
		low	med	high	small	med	large	low	high	typical	low*	high**	low*	high**
ristretto	single	6	7	8	4	7	13				0.3	0.6	9	17
	double	12	16	18	9	16	30	60%	140%	100%	0.7	1.3	20	38
	triple	19	21	23	14	21	38				0.9	1.7	26	50
regular espresso	single	6	7	8	10	14	20				0.6	1.1	17	33
	double	12	16	18	20	32	45	40%	60%	50%	1.3	2.6	40	76
	triple	19	21	24	32	42	60				1.9	3.4	56	99
lungo	single	6	7	8	15	21	30				0.8	1.5	25	43
	double	12	16	18	30	48	67	27%	40%	33%	1.9	3.3	57	99
	triple	19	21	24	48	63	89				2.5	4.4	74	130
café crema	single	6	7	8	38	50	67				1.8	3.0	52	89
	double	12	16	18	75	114	150	12%	16%	14%	4.0	6.9	118	203
	triple	19	21	24	119	150	200				5.3	9.0	155	266
drip coffee	scaa standard		55			1000		5%	6%	5.5%	* older beans; spouted pf; 100% of arabica; lever machine		** fresh beans; naked pf; use of robusta; pump @ 9 bar	

밀크 스티밍

라떼아트

라떼(latte)는 우유를 의미하며, 라떼아트는 에스프레소의 생명인 크레마에 스티밍된 우유와 우유 거품(벨벳 밀크)을 이용하여 그림이나 문양, 글씨 등을 넣어 아트(art)적 요소를 만드는 행위를 말한다.

라떼아트는 맛있는 커피 제조와 동시에 여러 모양을 만들 수 있는 바리스타의 능력, 즉 창조성, 예술성이 요구되는 숙련된 기술이다. 그러므로 라떼아트는 고객에 대한 만족도 뿐 만 아니라 감동으로까지 이어질 수 있는 서비스이다. 라떼아트를 할 때는 우유가 벨벳밀크로 변해가는 우유 스티밍 단계의 성분변화를 이해해야 한다.

우유 스티밍

에스프레소 베리에이션 메뉴의 중요도는 카페 현장에서 계속 높아지고 있으며 다양하고 전문적으로 발전하고 있다. 이에 따라, 베리에이션 메뉴 중 상당부분을 차지하는 우유 스티밍의 가치 역시 상승하고 있음으로 이에 대한 지식이 필요하다.

우유 선정	지방의 함량, 가공방식, 살균방식, 유당의 분리 등에 따라 다양한 종류의 우유가 있는데 블라인드 테스트를 거쳐서 사용하고자 하는 원두와의 조화를 고려해 신중하게 선택해야 한다.
우유 스티밍의 목표	해당 음료에 필요한 만큼의 우유를 사용하고 공기를 주입하여 미세 거품의 밀크 폼을 55~65℃ 까지 데우고, 음료에서 우유와 커피가 분리되기 전에 제공하는 것을 목표로 한다.

우유 스티밍의 방법	피처에 적정량의 우유를 붓고, 스팀 팁을 우유에 넣은 후 공기를 주입한다. 이때 스팀 팁이 너무 내려가도 소리가 나지 않고 우유 표면과 너무 맞닿아 있어도 큰 거품이 형성된다. 스팀을 분사하여 우유거품에 회전을 줌으로서 큰 거품을 잘게 쪼개주고 밀크 폼과 데워진 우유를 잘 섞어준다.
우유의 거품양	카푸치노인 경우 잔 입구의 너비에 따라 다를 수 있지만 1.5㎝ 이상의 밀크 폼 두께를 사용하고, 카페라떼인 경우 1.5㎝ 이하의 밀크 폼 두께를 사용한다.
우유의 균질화	피처를 돌려주어서 밀크 폼과 데워진 우유의 분리를 지연시키고, 불규칙한 밀크 폼을 균질화 시킨다.
커피추출과 스티밍	우유 스티밍과 에스프레소 추출은 신속하게 거의 동시에 이루어지는 것이 이상적이지만 만약 스티밍이 먼저 끝났다면 밀크 피처를 회전시켜 흔들어 줌으로서 우유의 분리를 막아준다.
우유 붓기	피처에 스티밍이 끝난 우유를 에스프레소가 있는 잔에 따르는 행위로서 스푼 없이 따르는 '프리 푸어링'과 스푼을 사용하는 '스푼 메서드'가 있다. 라떼아트 또는 온도 유지가 필요 할 때는 프리 푸어링을, 아이스 음료제조 시에는 스푼 메서드를 많이 선호한다.

스팀 피처

라떼아트에 적합한 벨벳 밀크를 만들기 위해 가장 필요한 도구 중 하나가 스팀 피처인데 사이즈와 핸들의 구조, 스파웃의 모양, 바디의 재질이 다양하다.

구분	U 자형 스파웃	V 자형 스파웃
장점	스파웃이 넓어 크고 힘 있는 패턴의 아트를 할 때 유리함	스파웃이 좁아 빠른 핸들링과 정교한 아트 유리함
단점	유속이 약해지면 핸들링이 불안정해지는 한계가 있음	푸어링 시 좌우 균형이 불안정하면 패턴의 대칭이 무너지기 쉬움
형태		

밀크 폼의 종류

모양 형태	내용
	• 부드럽고 광택이 나며 끈적함 • 눈에 띄는 기포가 없음
	• 부드럽고 광택이 나며 끈적함 • 0.5mm 이하의 매우 미세한 기포가 간혹 보임
	• 부드럽고 광택이 나며 끈적함 • 1mm 이하의 많은 기포가 보임 • 일부는 1~2mm의 기포로 보임
	• 드라이하고 고르지 못함 • 1mm 이상의 큰 기포들이 많이 보임
	• 매우 드라이하고 고르지 못함 • 대부분 1.5mm 이상의 큰 기포들이 보임

에스프레소 추출의 변수

분쇄도

아무리 좋은 에스프레소 머신이라도 좋지 않은 그라인더로 인해 발생되는 문제를 해결할 수 없다. 좋은 그라인더는 연속 그라인딩에서 발생할 수 있는 열이 빠져 나갈 공간이나 배출구 계획이 있어야 하고, 날이 잘 선 칼날뭉치(burr), 보다 낮은 회전속도, 보다 넓은 절삭면이 커피입자의 열 발생을 줄이고 그라인더 모터에 부담을 줄일 수 있음으로 고려되어야 한다.

• 적절한 커피입자의 분포도

분쇄된 커피 입자를 분쇄입도 측정기로 측정해 보면 생각보다 다양한 입자의 크기가 존재한다. 사실 정상적인 추출에서 굵은 입자는 추출의 알맞은 흐름을 만들어주고, 가는 입자는 넓은 표면적으로 커피 추출에서 용해 작용을 한다. 문제는 굵은 입자와 가는 입자의 분포도가 적절하지 않고 너무 굵은 입자만 있거나, 너무 가는 입자만 존재할 경우 적절한 저항과 압력이 형성되지 않아 균일한 추출이 어려워진다.

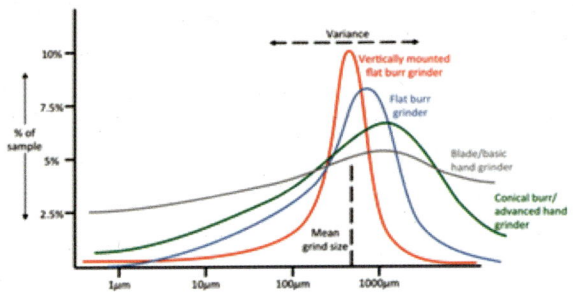

• 뭉침(clumping) 제거
원두가 숙성됨으로 인해 표면에 오일이 배어나와 추출을 방해한다. 가는 바늘로 구성된 침칠봉이나 니들 디스트리뷰터를 이용하여 수분이나 유분으로 인한 가는 분쇄입도에서의 뭉침 현상을 제거하여 일정한 에스프레소를 만든다.

• 포터필터안에 분쇄도 혼합
포터필터 안에 존재하는 다양한 굵기의 입자를 도징 컵이나 탐침봉 등을 사용하여 잘 섞어준다.

• 그리인딩 시간
적절한 분쇄도를 만드는데 소요되는 시간은 그라인더의 날(burr)의 사이즈와 모터의 회전속도가 매우 밀접한 관계다. 버(burr)의 사이즈인 직경이 클수록 원두가 그라인딩 되면서 발생하는 열이 적어지면서 시간은 빨라지고, 모터의 회전속도(RPM)가 느릴수록 열 발생은 적으나 시간은 길어진다.

• 분쇄도 조절
분쇄도를 가는 쪽으로 설정할수록 농도가 진해지고 강한 맛의 커피를 추출할 수 있고 굵은 쪽으로 설정할수록 농도가 연한 커피가 추출된다. 분쇄도의 차이는 SCA 브루잉 차트를 보자면 세로축인 추출 TDS의 변화를 만들어 낸다.

도징

1	포터필터를 에스프레소머신에서 분리한다.
2	필터바스켓을 마른 수건으로 깨끗이 닦아 습기와 남아있는 원두가루를 제거해 준다.
3	그라인더를 켜고 포터필터를 좌우로 움직여 가며 커피가루가 고르게 분포될 수 있도록 채운다.
4	바스켓에 정해진 레시피 만큼의 원두가 담기면 그라인더를 정지시킨다.
5	추출한 커피가루는 넉박스에 버리고 추출버튼을 눌러 포터필터를 잘 씻어 준다.

※ 채널링: 잘못된 도징으로 인해서 한 쪽으로 추출이 편중되거나, 일부만 추출되는 현상으로 바리스타는 채널링을 방지하기 위해 다양한 방법을 모색한다.

도징 컵

도징 시 다양한 크기의 커피 분쇄입자가 포터필터 안에 존재하게 되는데 이때 미분의 발생과 뭉침 현상으로 인해 포터필터 하반부에 밀도가 높은 고체 압착층이 생긴다. 이 압착층은 바스켓 바닥에 구멍을 막히게 함으로써 추출액의 흐름을 방해하고 채널링(channeling)을 만든다.

그러므로 포터필터 안에 다양한 크기의 커피입자가 골고루 분포하도록 해주고, 미분의 뭉침을 방지하기 위해 도징 컵을 사용하기도 한다.

고르기

포터필터에 담은 커피가루의 치우침이나 뭉침 현상을 방지하고 원두 가루가 평평하게 골고루 분포할 수 있도록 하여 추출 편중현상을 방지하는 행위이다. 손을 사용하기도 하고 도구로 레벨러를 많이 사용한다.

탬핑

탬핑은 쉽게 말해 포터필터 안에 커피가루를 다지는 행위를 말한다. 탬핑을 통해 원두가루를 고정시키고, 커피 표면을 평평하게 만들고, 커피 안에 있는 큰 공극들을 제거하는 역할을 한다.

탬핑은 가볍게 공극을 제거하는 정도의 압력을 주어 다지면 된다. 실제로, 탬핑 압력은 추출물의 품질이나 액체 흐름에 그다지 큰 영향을 끼치지 않는 것으로 알려져 있다.

왜냐하면 탬핑으로 가해진 압력은 포터필터에 추출수가 적셔지는 즉시 풀리며, 일반적 탬핑 압력인 23kg정도보다 추출 시에 펌프가 가하는 추출압력이 훨씬 높기 때문이다.

물의 온도

물의 온도는 향미와 추출물의 농도 및 추출물의 속도 흐름에 영향을 미친다.

온도와 에스프레소 품질과의 연관성	• 온도가 높으면, 고형물 추출과 바디가 높아진다. • 온도가 높으면, 액체의 흐름이 느려진다. • 온도가 높으면, 거친 맛이 발현된다. • 온도가 낮으면, 신맛이 발현된다.

물의 종류

수돗물	국가별 지역별로 가장 큰 차이를 보이고, 미네랄 등이 녹아져 있어 추출수로 이용하기 위해서는 지역의 수질을 꼼꼼히 살펴보고 염소성분을 제거한 후 추출을 권장
증류수	증류해서 얻어낸 물은 가장 최상의 조건을 가진 물처럼 생각되지만 추출을 해보면 매우 단조로운 맛과 흐릿하고 칙칙한 맛을 냄
생수	약간의 미네랄이 있어, 추후 스케일이 쌓일 가능성이 있긴 하지만 추출수로 적합. 추출 시 미네랄 함량을 살펴보고 미네랄 자체의 맛이 음료 맛에 영향을 주지 않도록 조정해야 함
정수된 물	다양한 정수 프로세스를 통해 좋지 않은 맛에 영향을 주는 유해 요소들(염소, 미생물, 침전물 및 기타 부유물)이 우선적으로 제거된 물로서 추출수로 적합. 최근 필터 회사에서는 고객 요구에 맞춰 이온수지 필터도 선보이고 있음

사전 주입 (Pre-infusion)

사전 주입이란 본격적인 추출에 앞서 낮은 압력을 가해 커피 입자를 가볍게 적셔 주는 행위로서 이를 통해 약배전으로 로스팅 된 원두도 채널링을 방지하고 추출 과정에서 부족한 부분을 효율적으로 보정할 수 있다.

추출 전에 저압으로 사전 주입을 하면, 원두가루는 느린 속도로 적셔지게 되고 이 느린 흐름으로 인해 원두가루가 충분히 부풀 수 있게 된다.

이로 인해 포터필터 속 원두가루는 자연스럽게 추출에 용이한 상태로 재분배되고, 미분의 이동을 막아 더 안정적인 추출이 가능하게 된다.

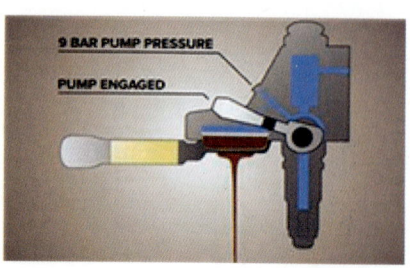

에스프레소 머신의 사전 주입 방법	• 바리스타가 저압으로 주입을 시작하고, 본 추출의 시기를 정하는 수동식 주입 • 그룹헤드에 스프링 탄성을 이용, 저압의 주입을 의도적으로 만든 점진적 사전 주입 • '지글러'라는 장치를 이용, 그룹헤드로 유입되는 추출수의 흐름을 낮추어 제어하는 흐름 제어 • 펌프 압력을 주입 초기에 몇 차례 on/off 하면서 사전 주입

아그트론과 로스트 로그

커피는 맛과 향이 거의 느껴지지 않는 생두(green bean)에서 로스팅이란 볶음 과정을 통해 매력적인 향과 맛을 지닌 원두(whole bean)로 재탄생하게 된다.

 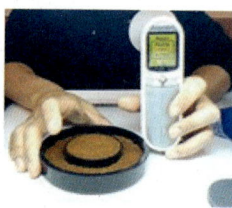 

그래서 로스팅 정도, 시간과 열 조절은 커피의 향미와 추출에 매우 밀접한 관계가 있는데 로스팅 정도는 아그트론이라는 색도계를 이용하고, 로스팅 시간과 열 조절은 로스트 로그를 이용하여 평가할 수 있다.

아그트론과 로스트 로그로서 추출의 상관관계를 밝혀내는 것은 매우 어렵고 조심스럽지만 지금까지 알려진 내용은 다음과 같다.

아그트론 수치가 낮은 강배전 일수록 추출력과 총용존고형성분(TDS)은 높아지며, 아그트론 수치가 높은 약배전 일수록 추출력과 총고형성분(TDS)은 낮아진다.

로스트 로그에서 로스팅 시간이 짧을수록 추출력과 총용존고형성분(TDS)는 높아지고, 로스팅 시간이 길수록 추출력과 총고형성분(TDS)는 낮아진다.

8단계 분류법			SCAA 분류법	
단계	색	맛과 향	단계	색
라이트 (Light)	밝고 연한 황갈색	산향, 강한 신맛	Very Light	Tile #95
시나몬 (Cinnamon)	연한 황갈색	다소 강한 신맛, 약한 단맛과 쓴맛	Light	Tile #85
미디엄 (Medium)	밤색	중간 단맛과 신맛, 약한 쓴맛, 단향	Moderately Light	Tile #75
하이 (High)	연한 갈색	단맛 강조, 약한 쓴맛과 신맛	Light Medium	Tile #65
시티 (City)	갈색	강한 단맛과 쓴맛, 약한 신맛	Medium	Tile #55
풀 시티 (Full-City)	진한 갈색	중간 단맛과 쓴맛, 약한 신맛	Moderately Dark	Tile #45
프렌치 (French)	흑갈색	강한 쓴맛, 약한 단맛과 신맛	Dark	Tile #35
이탈리안 (Italian)	흑색	매우 강한 쓴맛, 약한 단맛	Very Dark	Tile #25

TDS(농도)

TDS는 총용존고형성분으로 커피 추출액의 농도(%)를 말하며 리스트레또, 혹은 에스프레소 1:1.5 이하에서 가장 높고 깔끔한 향미는 좋으나 달콤함은 다소 떨어진다.

도징량:추출량	1:1	1:1.5	1:2	1:3	1:4
EBR	100%	66.7%	50%	33.3%	325%
미국/호주식	← 리스트레토 →		← 에스프레소 →	← 룽고 →	
	• 최근 추세의 미국/호주식 에스프레소 추출 참조 • 스페셜티 커피. 싱글 오리진, 라이트 로스팅 에스프레소				
정통 이탈리아식		← 리스트레토 →		← 에스프레소 →	← 룽고 →
	• 정통 이탈리아 스타일 에스프레소 추출 참조 • 다크 로스팅, 베리에이션 음료용 로스팅 에스프레소				

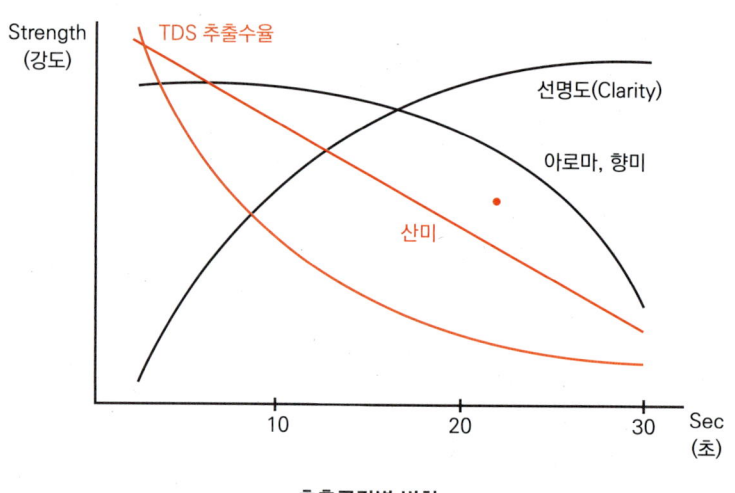

추출구간별 변화

추출 수율

원두가루에 고온고압의 물리적 변화를 통해서 추출하는 에스프레소의 경우 원두 속에 있는 수용성 물질들이 모두 추출되는 것은 아니다.

최적화된 환경에서도 약 30%의 추출 성분이 최대치가 되는데, 이에 SCA에서는 커피 브루잉 컨트롤 차트에서 보편적인 권장 추출 수율을 18~22로 정의하기도 하였다.

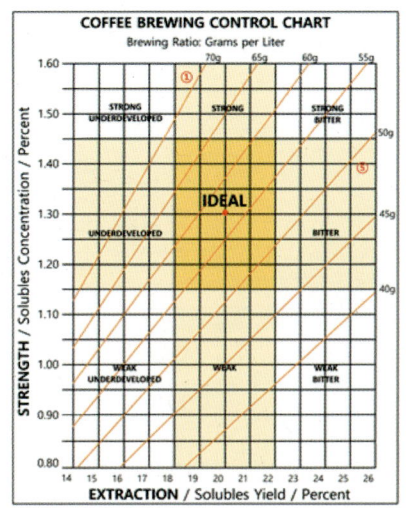

동일한 원두를 사용했을 때, 수율과 추출과의 관계는 추출량과 추출시간이 더 길어질수록 수율이 높아지고, 추출량과 추출시간이 짧아질수록 낮아진다.

VI
스탠다드 레시피

Coffee
Non Coffee
Frappe & Smoothie
Juice & Ade
Coffee Cocktail
Tea

본 서에서 언급한 추출량, 재료의 종류와 사용량 등은 일반적인 내용을 기술하고자 노력하였으며 카페 여건에 따라 달라질 수 있음을 먼저 밝히고자 한다.

Espresso

에스프레소는 생두를 볶은 원두를 그라인더에 넣고 가늘게 분쇄하여 높은 압력과 높은 온도의 머신을 이용해 진하게 추출한 커피를 말한다. 이러한 추출 방법에 의해 물에 녹지 않는 불용성 성분까지 추출하여, 다량의 오일 성분인 크레마를 함유하고 있어 다른 추출에 비해 더 진하고 부드러운 것이 특징이다.

에스프레소

재료　(cup) 데미타세
홀빈 상태의 원두 (18~20g)

───

1　포터필터에 알맞게 분쇄된 커피를 담는다.
2　원두가루를 평평하게 고르고, 탬퍼나 디스트리뷰터를 사용하여 탬핑을 한다.
3　미리 정해진 레시피에 맞게 추출버튼을 눌러 36~50g을 잔에 받는다.

Tip. 디스트리뷰터
원두를 적절한 압력으로 수평을 맞춰주는 도구

에스프레소

Ristretto

에스프레소와 추출 비율이 다른 커피를 말한다.
원두 사용량과 추출량의 비율이 1:2 미만으로서, 원두 사용량에 비해
추출량의 비율이 일반적으로 36g 미만으로 추출된 에스프레소를 의미한다.
커피 성분의 밀도가 높고 향미의 강도가 강하며 농도가 진한 것이 특징이다.

리스트레또

재료　(cup) 데미타세
홀빈 상태의 원두 (18~20g)

──────

1　포터필터에 알맞게 분쇄된 커피를 담는다.
2　원두가루를 평평하게 고르고, 탬퍼나 디스트리뷰터를 사용하여 탬핑을 한다.
3　미리 정해진 레시피에 맞게 추출버튼을 눌러 20~35g 미만으로 잔에 직접 받는다.

리스트레또

Lungo

에스프레소 추출 비율이 다른 커피를 말한다.
원두 사용량과 추출량의 비율이 1:2 이상으로서 원두 사용량에 비해
추출량의 비율이 51~65g 정도로 추출된 에스프레소를 의미한다.
커피 성분의 밀도가 비교적 낮고 향미의 강도가 약하며
추출 TDS(total dissolved solids)가 일반적으로
7~8%인 에스프레소를 의미한다.

룽고

재료 (cup) 데미타세

홀빈 상태의 원두 (18~20g)

———

1 포터필터에 알맞게 분쇄된 커피를 담는다.
2 원두가루를 평평하게 고르고, 템퍼나 디스트리뷰터를 사용하여 템핑을 한다.
3 미리 정해진 레시피에 맞게 추출버튼을 눌러 51~65g 이상으로 잔에 직접 받는다.

Tip. 에스프레소 컨트롤 차트

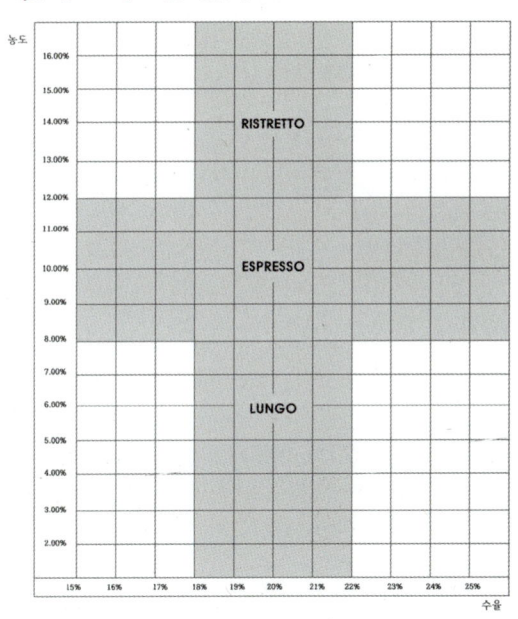

룽고

Espresso Con Panna

'함께'라는 뜻을 가진 CON과 생크림을 뜻하는 PANNA가 결합된 이탈리아어로 '생크림과 함께'라는 의미를 지닌다. 진한 에스프레소가 달콤한 크림과 만나 마시기 편하다. 크림을 만들 때 초콜릿이나 캐러멜 시럽 같은 단맛을 첨가하거나 레몬, 오렌지 등의 과일즙을 첨가하기도 한다.

에스프레소 콘판나

재료 (cup) hot 2oz

HOT 에스프레소 1샷, 휘핑크림 15g

―――――

HOT

1 정해진 레시피로 추출된 에스프레소를 잔 위에 붓는다.
2 휘핑크림을 올려 마무리 한다.

Tip
최근 에스프레소바의 선풍적인 인기에 힘입어 매우 다양한 에스프레소 콘판나 형태의 시그니처 메뉴들이 개발되고 있다.

에스프레소 콘판나

Espresso Shakerato

에스프레소에 각얼음과 설탕이나 시럽을 칵테일 셰이커에 넣고
혼합해 만드는 음료이다. 보통 마티니 잔에 담아내고
때때로 알코올을 첨가하기 위해 아이리시 위스키와 아이리시 크림을 섞어 만든
부드럽고 단맛이 강한 베일리스를 넣기도 한다.

에스프레소 사케라토

재료 (cup) 10oz

ICE   에스프레소 2샷, 설탕시럽 15g, 얼음 150g

———

ICE
1. 준비한 얼음과 설탕시럽을 셰이커에 넣는다.
2. 추출한 에스프레소를 쉐이커 넣는다.
3. 거품이 만들어 질 때까지 충분히 흔들어 준다.
4. 셰이커 안의 만들어진 커피와 거품을 잔에 담아 완성한다.

에스프레소 사케라토

Affogato

아포카토는 이탈리아의 대표적인 디저트로
'끼얹다, 빠지다'의 뜻을 가지고 있다. 일반적으로 바닐라 아이스크림에
뜨거운 에스프레소를 얹어 만들어 끼얹다의 의미와 통한다.
젤라또, 녹차 아이스크림으로도 만들 수 있고
기호에 따라 견과류, 초콜릿, 쿠키 등 다양한 재료로 토핑한다.

아포카토

재료 (cup) 8oz

ICE   에스프레소 2샷, 바닐라 아이스크림 2스쿱, 토핑용(견과류, 초콜릿, 쿠키)

———

ICE
1 아이스크림을 잔에 준비한다.
2 추출한 에스프레소를 아이스크림 위와 주변에 얹는다.
3 토핑용 재료를 아이스크림 위 주변에 얹어준다.

아포카토

Americano

일반적으로 미국인들이 마시는 커피를 의미하는 아메리카노는
에스프레소에 물을 섞어 연하게 마시는 커피로
물의 희석배수를 조절하여 다양하게 즐길 수 있으며
에스프레소보다는 상대적으로 농도가 약한 것이 특징이다.
카페의 퀄리티를 아메리카노로 결정할 만큼
그 중요도가 매우 높은 것이 특징이다.

아메리카노

재료 (cup) hot 13oz / ice 16oz
HOT 에스프레소 2샷, 따듯한 물 240g
ICE 에스프레소 2샷, 차가운 물 180g, 얼음 200g

———

HOT
1 정해진 추출 레시피로 에스프레소를 추출한다.
2 뜨거운 물을 희석한다.

ICE
1 준비한 잔에 얼음을 먼저 담는다.
2 차가운 물을 붓는다.
3 추출한 에스프레소를 잔 위에 붓는다.

아메리카노(hot)

아메리카노(ice)

Long Black

호주와 뉴질랜드에서 주로 마시는 커피로 아메리카노와 비슷하지만 물의 양이 더 적고, 물을 먼저 준비한 후 에스프레소를 부어 줌으로서 크레마를 살릴 수 있고 더 진한 풍미를 느낄 수 있는 커피이다. 통상 숏 블랙이 에스프레소를 의미하는 것처럼 블랙을 룽고라 칭하기도 한다.

롱블랙

재료 (cup) hot 7oz / ice 9oz
HOT　에스프레소 2샷, 따듯한 물 120g
ICE　에스프레소 2샷, 차가운 물 70g, 얼음 100g

―――――

HOT

1　잔에 따뜻한 물을 붓는다.

2　에스프레소를 추출하여 크레마를 살려 천천히 붓는다.

ICE

1　잔에 얼음과 물을 담는다.

2　에스프레소를 추출하여 크레마를 살려 천천히 붓는다.

Tip
아메리카노가 주류인 국내 카페 시장에서 작은 잔에 담아내는 롱블랙은 진보적이면서 젊은 커피를 상징하기도 한다.

롱블랙(hot)

롱블랙(ice)

Cappuccino

에스프레소에 우유를 넣는다는 점에서 카페라떼와 같지만
우유 양은 더 적게, 우유의 거품은 더 많이 올려 라떼보다 상대적으로
드라이한 질감과 에스프레소가 더 진하게 느껴지는 음료이다.
이탈리아에서 시나몬이나 코코아 파우더를 뿌려 완성을 했으나
오늘날 스티밍 기술의 진보로 각종 파우더의 사용을
자제하는 카페들이 많은 편이다.

카푸치노

재료 (cup) hot 7~10oz / ice 10~13oz
HOT   에스프레소 2샷, 우유 120g
ICE   에스프레소 2샷, 우유 120g, 얼음 80g

HOT
1. 정해진 추출 레시피로 에스프레소를 추출한다.
2. 차가운 우유를 스팀피처에 따른다.
3. 머신의 스팀 완드를 이용하여 스티밍한 우유를 추출된 커피 잔에 붓는다.

ICE
1. 정해진 추출 레시피로 에스프레소를 추출한다.
2. 잔에 얼음을 채우고 에스프레소를 붓는다.
3. 거품기를 이용하여 폼 밀크를 만든다.
4. 우유와 폼 밀크를 잔에 붓는다.

Tip
시장조사 현황을 분석해 보면, 국내 카페 시장은 카푸치노와 카페라떼의 차이가 크지 않은 것으로 조사되고 있음.

카푸치노(hot)

카푸치노(ice)

Caffe Latte

에스프레소와 우유의 조화로 만들어진 카페라떼는 이탈리아어로 우유를 뜻하는 라떼에서 알 수 있듯이 우유의 비율에 따라 다양한 맛을 표현할 수 있으며, 우유의 지방 함량과 생산공법에 따라서도 큰 차이가 난다.

카페라떼

재료 (cup) hot 13oz / ice 16oz
HOT   에스프레소 2샷, 우유 210g
ICE   에스프레소 2샷, 우유 220g, 얼음 160g

———

HOT
1. 정해진 추출 레시피로 에스프레소를 추출한다.
2. 차가운 우유를 스팀피처에 따른다.
3. 우유를 스티밍하여 잔에 붓는다.

ICE
1. 잔에 정해진 레시피대로 얼음과 차가운 우유를 담는다.
2. 에스프레소를 추출하여 잔 위에에 붓는다.

Tip
우유는 일반적으로 마시는 시유, 다른 성분을 첨가한 강화우유, 생산 공정에 따른 멸균/살균우유, 지방함량에 따른 목적우유 등 다양한 우유제품들이 있다. 우유의 종류와 커피 블렌딩에 따라서 적합한 레시피를 찾는 것은 카페에 있어서 매우 중요한 일과가 되어가고 있다.

카페라떼(hot)

카페라떼(ice)

Flat White

에스프레소를 기본으로 하여 우유 폼의 입자가 마이크로 폼으로 매우 곱고 작은 기포의 스팀밀크를 이용하여 만든 커피이다. 카푸치노 거품은 잔 위로 볼록하게 솟아오르는 반면, 잔에 평평한 표면을 유지하여 질감은 부드럽고 풍미는 진하게 구현하는 커피로 열에 강한 투명 잔에 제공하는 것이 일반적이다.

플랫화이트

재료 (cup) hot 9oz / ice 10oz
HOT 에스프레소 2샷, 우유 150g
ICE 에스프레소 2샷, 우유 140g, 얼음 100g

―――――

HOT

1 정해진 추출 레시피로 에스프레소를 추출한다.

2 차가운 우유를 스팀피처에 따른다.

3 에스프레소 머신의 스팀 완드를 이용하여 피처 안에 있는 우유를 스티밍 한다

4 마이크로 폼과 스팀 밀크를 잔에 부어 완성한다.

ICE

1 미리 준비한 얼음을 잔에 담는다.

2 차가운 우유를 잔에 따른다.

3 추출한 에스프레소를 부어 완성한다.

Tip
플랫화이트를 기반으로 시그니처 음료를 만드는 카페가 많아지고 있고, 좀 더 용감하게 플랫화이트 양이 작아지고 진해지는 것 또한 중요한 특징 중에 하나다.

―――――――――――――――――――

플랫화이트(hot)

플랫화이트(ice)

Cafe Mocha

카페에서 보편적으로 친숙한 메뉴인 카페모카는 초콜릿 향이 나는 예멘의 스페셜티 커피인 모카 커피에서 유래하며, 에스프레소와 우유에 초코소스를 넣어 스윗한 풍미에 코코아의 고소함을 더한 음료이다.

카페모카

재료 (cup) hot 13oz / ice 16oz
HOT 에스프레소 2샷, 우유 180g, 초코소스 30g, 초코파우더 약간
ICE 에스프레소 2샷, 우유 220g, 얼음 160g, 초코소스 40g, 휘핑크림 40g, 초코파우더 약간

HOT

1 용기에 초코소스를 넣고 에스프레소를 추출하여 골고루 섞는다.
2 잔에 혼합된 음료를 붓는다.
3 차가운 우유를 정해진 양만큼 스티밍 한다.
4 스팀우유를 잔에 붓고 초코파우더를 뿌려 완성한다.

ICE

1 미리 정한 얼음을 잔에 담는다.
2 초코소스를 넣은 용기에 에스프레소를 추출하여 골고루 섞는다.
3 잔에 2번 혼합액을 붓는다.
4 잔에 차가운 우유를 붓고 휘핑크림과 초코소스 또는 초코파우더로 완성한다.

Tip1.
카페의 트렌드가 건강을 고려해 카카오함량이 더 높고 단맛의 강도가 비교적 약한 초코소스가 선호되고 있으며, 표준 레시피에서도 좀 더 달은 수제크림을 선택하는 카페가 많아지고 있다.

Tip2.
본서 HOT 음료에는 휘핑을 제외했고 ICE 음료는 휘핑을 올렸다.

카페모카(hot)

카페모카(ice)

Caramel Macchiato

이탈리아어로 '점을 찍다' '얼룩진'이라는 뜻의 마키아토와 캐러멜 소스, 캐러멜 시럽을 에스프레소와 혼합한 후 우유 거품을 부어 제조하는 음료이다.

캐러멜 마키아토

재료 (cup) hot 13oz / ice 16oz
HOT   에스프레소 2샷, 우유 180g, 캐러멜 소스 20g, 바닐라시럽 10g
ICE   에스프레소 2샷, 우유 220g, 캐러멜 소스 30g, 바닐라시럽 10g, 얼음 160g

HOT
1 용기에 캐러멜 소스와 바닐라 시럽을 넣는다.
2 혼합액을 넣은 용기에 에스프레소를 추출하여 골고루 섞는다.
3 차가운 우유를 정해진 양만큼 스티밍 한다.
4 잔에 2번을 넣고 스티밍 한 우유를 부어준다.
5 캐러멜 소스로 드리즐하여 완성한다.

ICE
1 용기에 캐러멜 소스와 바닐라시럽을 넣는다.
2 혼합액을 넣은 용기에 에스프레소를 추출하여 골고루 섞는다.
3 거품기를 이용하여 차가운 폼 밀크를 만든다.
4 얼음이 들어간 잔에 우유와 폼 밀크를 올린다.
5 2번을 폼 밀크 위에 붓는다.
6 캐러멜 소스로 드리즐하여 완성한다.

Tip
단맛 음료의 대명사인 캐러멜 마키아토는 캐러멜 소스와 바닐라 시럽을 적절한 비율로 섞어서 사용하는 레시피가 보편적이며, 밀크 폼의 품질 또한 매우 중요한 음료 중에 하나이다.

캐러멜 마키아토(hot)

캐러멜 마키아토(ice)

Vanilla Latte

에스프레소의 쓴맛과 바닐라의 향미가 느껴지는 커피로 에스프레소에 우유와 바닐라 시럽을 넣어 제조하는 음료이다.

바닐라 라떼

재료 (cup) hot 13oz / ice 16oz
HOT 에스프레소 2샷, 우유 210g, 바닐라시럽 10g, 바닐라파우더 20g
ICE 에스프레소 2샷, 우유 220g, 바닐라시럽 20g, 바닐라파우더 30g, 얼음 160g

———

HOT
1 용기에 바닐라 파우더와 바닐라 시럽을 넣는다.
2 혼합액을 넣은 용기에 에스프레소를 추출하여 골고루 섞는다.
3 차가운 우유를 정해진 양만큼 스티밍 한다.
4 잔에 2번을 넣고 스티밍한 우유를 부어 완성한다.

ICE
1 용기에 바닐라 파우더와 바닐라 시럽을 넣는다.
2 혼합액을 넣은 용기에 에스프레소를 추출하여 골고루 섞는다.
3 얼음이 들어간 잔에 차가운 우유를 붓는다.
4 잔에 2번을 부어 완성한다.

Tip
중앙아메리카가 원산지인 난초과의 여러해살이 덩굴풀인 바닐라는 우리나라 넝쿨 콩과 매우 유사한데, 말린 콩짚을 설탕과 끓여 수제 바닐라 빈 시럽을 만들어 사용하기도 한다.

바닐라라떼(hot)

바닐라라떼(ice)

Einspanner

아인슈패너로 불리우는 비엔나 커피는 과거 오스트리아의 마부들이 마차에서 짐을 내리기 힘든 상황에서도 한 손으로는 설탕과 생크림을 듬뿍 얹은 커피를 마셨던 것에서 유래된 것으로 알려져 있다. 최근에는 크림라떼라는 형태로 물 대신 스팀 밀크에 휘핑크림을 얹은 커피로 마시기도 한다.

아인슈패너

재료 (cup) hot 10oz / ice 13oz

HOT   에스프레소 2샷, 온수 200g, 밀크크림 30g, 설탕 6g

ICE   에스프레소 2샷, 냉수 150g, 밀크크림 30g, 설탕 6g, 얼음 200g

———

HOT

1. 정해진 추출 레시피로 추출이 완료된 에스프레소를 잔 위에 붓는다.
2. 잔에 미리 정해진 온도의 물을 넣는다.
3. 휘핑크림을 올려 마무리 한다.

ICE

1. 준비한 얼음을 잔에 담는다.
2. 차가운 물을 넣는다.
3. 추출한 에스프레소를 잔 위에 붓는다.
4. 휘핑크림을 올려 마무리 한다.

Tip

크림밀크는 공기층이 잘 포집되는 식물성 크림과 고소한 맛이 특징인 동물성 크림을 섞어서 쓰는 경우가 많으며, 믹싱 그릇이 차가울수록 설탕의 양이 많을수록 크림은 견고해 진다.

아인슈패너(hot)

아인슈패너(ice)

Green Tea Latte

녹차를 넣은 라떼의 일종으로 초기에는 건강을 고려한 메뉴로 개발되었다. 녹차 특유의 향과 깔끔한 맛이 잘 어울리는 베리에이션 음료다. 잎 상태인 녹차를 파우더 형태로 만든 말차에 설탕과 덱스트린 등을 함께 혼합해 다양하게 제조한다.

NON COFFEE
커피메뉴가 산지, 블렌딩에 따라 맛의 차이가 있듯 Non Coffee도 원료의 제조사에 따라 음료 맛의 결과가 달라질 수 있다.

그린티 라떼

재료 (cup) hot 13oz / ice 16oz
HOT 그린티 파우더 25g, 우유 210g
ICE 그린티 파우더 30g, 우유 220g, 얼음 160g

———

HOT
1 용기에 그린티 파우더를 넣는다.
2 차가운 우유를 스티밍 한다.
3 스팀우유 소량을 사용하여 파우더에 부은 후 골고루 섞는다.
4 잔에 녹인 파우더를 넣고 스티밍 한 우유를 부어준다.
5 그린티 파우더를 뿌려 완성한다.

ICE
1 준비한 잔에 얼음을 채운다.
2 그린티 파우더를 넣은 용기에 소량의 온수를 넣고 골고루 섞는다.
3 잔에 우유와 혼합액을 넣는다.
4 거품기를 이용하여 차가운 폼 밀크를 만들어 잔에 올린다.
5 그린티 파우더를 뿌려 완성한다.

Tip
그린티 파우더를 섞어줄 때 우유대신 뜨거운 물을 사용하는 경우도 있다.
말차 가루를 사용할 경우 설탕, 소금을 조금 넣어 풍미를 살려본다.

그린티라떼(hot)

그린티라떼(ice)

Chocolate Latte

초코 라떼는 소스 및 파우더, 직접 중탕한 초콜릿을 사용해서
우유거품과 혼합해 만들어지는 라떼를 말한다.
기호에 따라 에스프레소를 추가하기도 하고,
휘핑크림을 올리고 그 위에 초코 파우더와 시나몬 파우더를 뿌려
단맛과 초코 향을 극대화하기도 한다.

초코 라떼

재료 (cup) hot 13oz / ice 16oz
HOT 초코소스 40g, 초코파우더 10g, 우유 210g
ICE 초코소스 50g, 초코파우더 15g, 우유 220g, 얼음 160g

HOT
1 용기에 초코소스와 초코파우더를 넣는다.
2 차가운 우유를 스티밍 한다.
3 스팀우유 소량을 사용하여 1번을 부어 골고루 섞는다.
4 잔에 녹인 파우더를 넣고 스티밍 한 우유를 부어준다.
5 초코 파우더를 뿌려 완성한다.

ICE
1 준비한 잔에 얼음을 채운다.
2 초코소스와 초코파우더를 넣은 용기에 소량의 온수를 넣고 골고루 섞는다.
3 잔에 우유와 혼합액을 넣는다.
4 거품기를 이용하여 차가운 폼 밀크를 만들어 잔에 올린다.
5 초코파우더를 뿌려 완성한다.

Tip
초코소스를 사용하여 다양한 모양으로 드리즐 해도 좋다. 크림밀크를 올린 후 초코소스나 초코파우더를 뿌려 장식하는 방법도 있다.

초코라떼(hot)

초코라떼(ice)

Sweet Potato Latte

고구마 라떼는 페이스트(고구마를 삶아 으깬 후 조미한 식품) 및 파우더를 사용해서 우유와 혼합해 만드는 음료로, 군고구마를 이용하는 방법도 있다.

고구마 라떼

재료 (cup) hot 13oz / ice 16oz
HOT 고구마 페이스트 100g, 우유 210g
ICE 고구마 페이스트 150g, 우유 220g, 얼음 160g

———

HOT
1 용기에 고구마 페이스트를 넣는다.
2 차가운 우유를 스티밍 한다.
3 스팀우유 소량을 사용하여 1번을 부어 골고루 섞는다.
4 잔에 녹인 파우더를 넣고 스티밍 한 우유를 부어준다.
5 고구마 파우더를 뿌려 완성한다.

ICE
1 준비한 잔에 얼음을 채운다.
2 고구마 페이스트를 넣은 용기에 소량의 온수를 넣고 골고루 섞는다.
3 잔에 우유와 혼합액을 넣는다.
4 거품기를 이용하여 차가운 폼 밀크를 만들어 잔에 올린다.
5 고구마 파우더를 뿌려 완성한다.

Tip
음료 제작 후 토핑은 고구마파우더, 아몬드 슬라이스 등을 다양하게 활용해 본다.

고구마라떼(hot)

고구마라떼(ice)

Yogurt Frappe

요거트는 '응고'라는 의미를 가지고 있으며 고대 유목민들이 염소 젖 등의 유산균을 번식, 발효시켜 만든 건강식품이다. 이런 요거트와 우유 그리고 얼음을 갈아 만든 것이 요거트 프라페이며 깔끔하고 상큼한 맛을 내는 음료이다.

프라페(Frappe)
프라페는 프랑스어로 '얼음으로 차갑게 식혀 냈다'라는 뜻을 가지고 있다. 여름철 특히 인기가 많은 아이스 음료 중 하나이며 블렌더에 다양한 재료들을 갈아낸 다음 우유와 에스프레소 그리고 아이스크림을 넣은 후 제공하는데 가장 중요한 포인트는 얼음이 잘게 부셔져있다는 점이다.
비슷한 음료는 스무디, 셔벗, 슬러시가 있는데 얼음을 사용하지 않고 재료를 갈아서 즙을 낸 것을 얼리거나 또는 과일을 얼려 사용한다는 점에서 프라페와 구분된다.

요거트 프라페

재료 (cup) 16oz

요거트 파우더 100g, 우유 150g, 얼음 150g, 허브 한 잎

———

ICE

1   블렌더 용기에 정해진 레시피대로 요거트 파우더, 우유, 얼음을 넣는다.

2   블렌더 용기 안에 재료가 부드러워질 때까지 블렌딩 한다.

3   준비한 잔에 블렌딩한 음료를 따르고 장식(허브 한 잎)해서 완성한다.

Tip
연유를 소량 추가해 주면 깊은 맛이 난다.
———————————————

요거트 프라페

Cookies and Cream Frappe

아이스크림과 오레오 쿠키가 만나
바삭한 식감과 풍성한 단맛이 조화를 이룬다.
토핑으로 바닐라 아이스크림을 올리는 방법도 있다.

쿠키앤크림 프라페

재료 (cup) 16oz

쿠키앤크림 파우더 60g, 오레오 쿠키 2개, 우유 100g, 얼음 120g, 휘핑크림 30g,
쿠키 크림(분태), 토핑용 초코소스

―――

ICE

1 블렌더 용기에 정해진 레시피 대로 쿠키앤크림 파우더, 오레오 쿠키, 우유, 얼음을 넣는다.
2 블렌더 용기안에 재료가 부드러워질 때까지 블렌더 한다.
3 준비한 잔에 블렌딩한 음료를 따른다.
4 음료위에 휘핑크림을 얹고 쿠키 크림(분태)으로 장식한다.
5 초코소스로 토핑한다.

   *크럼(분태): 고체 형태의 식재료를 잘게 부수거나 다져 놓는 것

쿠키앤크림 프라페

Tip
계절적인 특성과 블렌더의 성능에 따라서 얼음 양을 조절한다.
―――――――――――――――――――――――

Mint Chocolate Chip Frappe

민트는 우리말로 박하라고 불리는 식물이다.
1973년 영국 앤공주 생일 디저트 경연대회에서
민트초코 아이스크림이 우승을 차지하면서 널리 알려지게 되었다.
이러한 민트와 초코칩을 활용해 만드는 것이 민트 초코칩 프라페이다.

민트 초코칩 프라페

재료 (cup) 16oz

민트 초코 파우더 60g, 민트시럽 30g, 초코소스 30g, 우유 120g, 얼음 120g, 휘핑크림 30g

―――

ICE

1 블렌더 용기에 민트초코 파우더, 민트시럽, 초코소스, 우유, 얼음을 넣는다.

2 블렌더 용기안에 재료가 부드러워질 때까지 블렌딩 한다.

3 준비한 잔에 블렌딩한 음료를 따른다.

4 음료위에 휘핑크림을 얹고 허브 잎 또는 민트시럽으로 장식한다.

민트초코칩프라페

Blueberry Smoothie

스무디는 베리류의 생 또는 냉동 과일에
꿀이나 설탕 우유를 넣어 만든 영양음료다.
새콤달콤한 요거트를 더한 건강음료로 즐기기도 한다.

스무디(Smoothie)
스무디는 신선한 과일 등을 얼려 갈아 만든 것으로 과일 외에도 부순 얼음, 요구르트 등을 넣기도 한다. 밀크셰이크와 비슷한데 보통 아이스크림이 들어가지 않는다는 것이 다르다. 다만 우유는 들어갈 수 있고 슬러시보다는 진하다.
지중해 요리 및 중동 요리 레시피에도 여러 종류의 스무디가 등장하는데 보통 다양한 종류의 과일 뿐만 아니라 요구르트, 벌꿀을 넣어 만들기도 한다. 또한 스무디를 청량음료와 섞어 마시기도 하고 술과 혼합해 칵테일로 만들어 마시기도 한다.

블루베리 스무디

재료 (cup) 16oz

냉동 블루베리 120g, 우유 150g, 얼음 150g, 설탕시럽 50g

ICE

1 블렌더 용기에 정해진 냉동 블루베리, 우유, 얼음, 설탕시럽을 넣는다.

2 블렌더 용기안에 재료가 부드러워질 때까지 블렌딩 한다.

3 준비한 잔에 음료를 따르고 블루베리로 장식한다.

Tip

슬러시	음료수를 살살 얼린 것
칠러	증기압축 등으로 액체의 열을 제거한 후 급속 냉각하여 만든 음료. 슬러시 보다 얼음의 입자가 두꺼운 것이 특징
스무디	과일 또는 청에 얼음과 우유, 요구르트를 넣고 갈아 만든 음료. 슬러시 보다 얼음의 입자가 얇다는 것이 특징

블루베리 스무디

Mango Smoothie

망고는 열대과일의 여왕이라 일컬어질 정도로 뛰어난 맛과 향을
자랑하며 부드럽고 달콤하며 진한 황색을 띠고 있다.
운송수단의 발달에 따라 쉽게 접할 수 있어
아이스크림, 젤리, 음료로 출시 될 만큼 대중적이 되었다.

특히 우유와 함께 섭취하면 망고의 베타카로틴과 우유의 단백질, 지방을
동시에 섭취할 수 있어 조화가 잘 맞는다.
망고 스무디는 이러한 망고를 이용해 우유와 얼음을 넣어 만든 음료이다.

망고 스무디

재료 (cup) 16oz

냉동망고 120g, 우유 120g, 얼음 150g, 설탕시럽 50g

―――――

ICE

1 블렌더 용기에 정해진 냉동망고, 우유, 얼음, 설탕시럽을 넣는다.

2 블렌더 용기안에 재료가 부드러워질 때까지 블렌딩 한다.

3 준비한 잔에 음료를 따르고 조각 망고로 장식한다.

Tip
냉동 망고는 하프 컷과 조각 컷이 있다.
―――――――――――――――――――――――

망고스무디

Kiwi Juice

키위를 이용해 만드는 주스이다.
키위는 아미노산과 비타민A와E, 루테인 등이 포함되어
혈액순환에 좋고 활성산소를 억제하는 효과가 있다.

계절 주스(키위)

재료 (cup) 16oz

키위 2개, 설탕 시럽 45g, 얼음 170g, 물 80g, 키위 슬라이드 한 조각

———

ICE

1 키위는 배꼽부분의 뾰족한 심을 잘 제거해준다.

2 키위 껍질을 벗기고 적당한 크기로 자른다.

3 블렌더 용기에 정해진 레시피 대로 키위, 키위 시럽, 얼음, 물을 넣는다.

4 블렌더 용기안에 재료를 넣고 키위 씨가 터지지 않게 윙윙 튕겨가며 블렌딩 한다.

5 완성된 음료를 잔에 따르고 장식한다.

Tip

골드키위를 사용하는 방법도 있다.
시럽 대신 꿀이나 키위시럽을 사용해도 된다.
물대신 사이다나 탄산수를 넣으면 에이드가 된다.

———————————————

계절주스(키위)

Strawberry Juice

딸기를 이용해 만드는 주스이다.
딸기는 항산화 물질인 안토시안닌이 풍부하여
피로회복과 면역력에 좋다.

계절 주스(딸기)

재료 (cup) 16oz

딸기 250g, 설탕시럽 60g, 얼음 100g, 물 100g

———

ICE

1. 딸기는 깨끗이 씻어서 꼭지를 제거해 준다.
2. 블렌더 용기에 정해진 레시피대로 딸기, 설탕시럽, 얼음, 물을 넣는다.
3. 블렌더 용기안에 재료가 부드러워질 때까지 블렌딩 한다.
4. 완성된 음료를 잔에 따르고 장식한다.

Tip
딸기는 잔류 농약을 제거하기 위해 식초 물에 1분정도 담궈 둔다.
냉동딸기를 사용방법도 있다.
———

계절주스(딸기)

Green Grape Juice

청포도를 이용해 만드는 주스이다.
청포도는 올레놀산 등이 함유되어 세균증식을 억제하는 작용을 한다.

계절 주스(청포도)

재료 (cup) 16oz

청포도 250g, 설탕시럽 50g, 얼음180g

———

ICE

1 청포도를 깨끗이 씻어준다.

2 블렌더 용기에 정해진 레시피대로 청포도, 얼음, 레몬즙을 넣는다.

3 블렌더 용기안에 재료가 부드러워질 때까지 블렌딩 한다.

4 잔에 따르고 청포도로 장식한다.

Tip
얼음은 제빙기 얼음 기준이므로 크기에 따라 조정한다.
수분이 많은 수박이나 포도는 물을 넣지 않는다.
———

Lemonade

레몬을 착즙하거나 레몬 청을 활용해 만드는 에이드이다.
레몬은 비타민C와 구연산이 많아 신맛이 강한 것이 특징이다.

에이드(Ade)
에이드는 레몬이나 오렌지 등 과즙에 설탕을 넣고 물 또는 탄산수로 희석시킨 혼성음료로 과일향이 강한 레몬 에이드, 자몽 에이드, 키위 에이드, 오렌지 에이드 등이 대표적이다.

레몬 에이드

재료 (cup) 16oz

레몬 농축액 80g, 탄산수 180g, 얼음 200g, 레몬 슬라이스, 허브 한 잎

―――――

ICE

1 잔에 얼음을 넣고 레몬 슬라이스를 얼음 사이사이에 넣는다.

2 잔에 정해진 레시피대로 레몬농축액, 탄산수를 넣는다.

3 완성된 잔에 레몬 슬라이스와 허브로 장식한다.

Tip

탄산수가 아닌 사이다를 넣어도 된다.
레몬은 착즙을 사용할 수 있다.

―――――――――――――――――――

레몬에이드

Grapefruit Ade

자몽 농축액을 사용하거나 직접 착즙해 만드는 에이드이다.
자몽은 신맛과 단맛 그리고 쓴맛을 모두 가지고 있다.
농축액은 신맛과 단맛이 많은 반면 착즙하는 경우
신맛과 쓴맛이 극대화된다.

자몽 에이드

재료 (cup) 12oz

자몽 농축액 80g, 탄산수 180g, 얼음 200g, 자몽슬라이스, 허브 한 잎

―――――

ICE

1 잔에 얼음을 넣는다.
2 정해진 레시피대로 자몽청과 농축액을 잔에 따른다.
3 탄산수를 넣고 자몽 슬라이스로 장식한다.

Tip
자몽청은 설탕의 비율에 따라 당도가 다르므로 맛을 확인 후 조절한다.
잔 아래 부분에 자몽청이 가라앉아 있으므로 섞어 마실 수 있는 스푼이나 빨대를 권한다.

자몽에이드

Passion Fruit Ade

패션후르츠는 열대 덩굴과일로 브라질이 원산지이지만
같은 과의 비슷한 과일은 전 세계 열대지방에서 널리 찾아볼 수 있다.
강렬하고 톡 쏘는 향미가 만다린 오렌지, 파인애플 향을 품고 있고
과육은 별맛이 없지만 씨와 과즙이 많아
씨를 아삭아삭 씹는 새콤한 과일이다.

패션후르츠 에이드

재료 (cup) 16oz

패션후르츠 농축액 80g, 탄산수 180g, 얼음 200g, 허브 한 잎

―――――

ICE

1   잔에 정해진 패션후르츠 청과 레몬즙을 넣고 잘 저어준다.
2   잔에 얼음과 탄산수를 넣는다.

Tip1
탄산수는 당도가 있는 토닉워터와 탄산성분이 강한 빅토리아 탄산수를 반반 섞어도 좋다.
유자청을 패션후르츠와 1:1로 넣어도 색다른 맛을 느낄 수 있다.
레몬즙은 새콤한 맛을 상승시켜준다.

Tip2. 패션후르츠 청 만들기
① 패션후르츠 과일을 반으로 잘라 과즙과 씨앗을 볼에 모은다.
② 패션후르츠와 설탕을 2:1 비율로 소독한 병에 담아 하루이상 숙성한다.

패션후르츠 에이드

Mojito

모히또는 럼 베이스 칵테일로 쿠바 아바나가 발상지다.
마법의 부적이라는 의미의 스페인어인 'Mojo'에서 유래했다고 한다.
미국의 소설가이자 저널리스트였던
어니스트 헤밍웨이가 즐겨 마셨던 칵테일로도 유명한데
기본적으로 럼 피즈에 민트를 첨가한 것으로
민트의 시원한 청량감에 의해 훨씬 산뜻한 맛을 낸다.

라임과 민트의 밝은 초록색이 돋보여 시각적으로 청량감을 주기도 한다.
달달함과 동시에 민트 향을 내면서
씁쓸한 뒷맛이 있는 입체적인 맛이다.
기호에 따라 토닉이나 진저에일을 넣어 마시기도 한다.

모히또

재료　(cup) 12oz

라임슬라이스, 애플민트 한줌, 모히또 시럽 30g, 탄산수 200g, 얼음

———

ICE

1　준비한 라임을 양끝을 잘라내고 얇게 슬라이스로 썰어준다.

2　머들러를 이용해 라임의 과즙과, 애플민트 향이 나오도록 눌러준다.

3　준비한 잔에 위 재료를 넣고 시럽을 취향에 맞게 넣어준다.

4　얼음을 채우면서 컵 벽면에 슬라이스 라임을 넣어준다.

5　준비한 탄산수를 넣어주고 민트로 장식한다.

Tip. 라임 씻는 법

① 볼에 라임을 넣고 베이킹파우더를 뿌려 보드득 소리가 나도록 닦아준다.
② 굵은 소금을 이용해서 한번 더 씻어주고 식초에 10분정도 담근 후 꺼낸다.
③ 라임의 물기를 깨끗이 닦아준다.

모히또

Kahlua Milk

깔루아는 아라비카 100%인 커피원두와
사탕수수가 원료인 럼(rum)의 혼합으로 만들어진 증류주에
캐러멜이나 바닐라 빈을 넣고 숙성시킨 술이다.

깔루아 밀크

재료　(cup) 12oz

깔루아 150g, 우유 170g, 얼음 120g, 카카오 닙스

―――

ICE

1　잔에 얼음을 넣고 깔루아를 넣는다.

2　우유를 전동 거품기를 이용해 거품을 내어 잔에 붓는다.

3　재료를 잘 저어준다.

4　카카오 닙스로 장식한다.

Tip
깔루아와 우유의 비율은 알코올 및 당도를 위해 조절 가능하다. (1:2 비율도 좋음)
쉐이커를 이용하여 모든 재료를 쉐이킹한 다음 초코소스로 에칭해도 좋다.
우리나라는 오리지널만 수입되지만, 깔루아민트모카, 깔루아칠리초콜릿, 도수가 높은 깔루아에스페샬이라는 제품도 있다.

―――――――――――――――――――――

깔루아밀크

Milk Tea

밀크 티는 우유와 차의 합성어로 우유를 넣은 홍차
또는 차와 우유가 혼합된 여러 가지 형태의 음료를 일컫는다.
차와 우유를 섞어 마시면 우유에 들어있는 카세인 성분이
차의 쓴맛과 떫은맛을 중화시켜 부드럽게 만들어 준다.

밀크 티를 끓일 때 우유를 먼저 넣느냐 차를 먼저 넣느냐의 문제는
차 애호가 사이에서 항상 논쟁이 되곤 하는데 우유를 먼저 넣는 것을
MIF(Milk In First), 차를 먼저 넣는 것을 TIF(Tea In First)라고 한다.

밀크 티는 우린 홍차에 우유를 넣어 마시는 음료이며,
로열밀크 티는 우린 홍차를 끓여서 졸인 다음 우유를 넣어
더욱 진한 맛이 느껴지는 음료이다.

밀크 티

재료 (cup) 10oz

홍차 4g, 물 30g, 우유 200g, 설탕시럽 30g

HOT

1 준비한 팬에 물을 넣고 끓인 다음 티백을 넣고 3분간 우려낸다.

2 설탕시럽을 넣는다.

3 스티밍이 끝난 우유에 홍차 혼합액을 넣어서 마무리 한다.

Tip1
계피 등 향신료를 넣으면 차이티가 된다.
티의 종류에 따라 맛과 향이 다르다.
저지방, 무지방, 저온살균, 멸균 우유보다 지방과 단백질 함량이 높은 일반우유가 밀크 티의 고소한 풍미를 살려준다.
생강즙, 홍차 시럽을 추가하여 진하게 마시는 방법도 추천한다.

Tip2. 향신료의 종류

종류	내용
시나몬	홍차의 떫은맛을 완화시켜 순하고 단향미를 낸다.
진저	청량하고 달콤한 향미로 개운한 맛을 준다.
카르다몸	향신료의 여왕이라 불리우며 산뜻하고 자극적인 향을 낸다.
블랙페퍼	깔끔한 자극으로 달콤한 맛을 더해 준다.
핑크페퍼	블랙페퍼에 비해 부드러운 단맛을 준다.
정향	특유의 떫은맛이 우유와 잘 어울리고 은은한 스모키향이 난다.
펜넬	회향이라 불리며 단맛과 짠맛이 고루 섞여 달콤하고 향긋하다.
감초	단맛이 나는 감미료로 해독 작용을 한다.
오렌지 필	진정효과가 있고 소화를 촉진시킨다.

밀크티

Black Tea

홍차는 찻잎 내부의 성분이 효소에 의해 산화되어
붉은 빛을 띠는 차를 뜻한다. 녹차나 보이차와 같이
효소의 작용을 중지시키는 쇄청(햇볕에 쬐어 말림) 과정을
거치지 않기 때문에 잎 자체의 효소로 산화된 것이다.

동양에서는 찻물의 빛이 붉기 때문에 홍차라고 부르지만,
서양에서는 찻잎의 검은 색깔 때문에 'black tea' 라고 부른다.
서양에서 'red tea'는 보통 남아프리카공화국의 루이보스 차를 의미한다.

홍차

재료 (cup) 12oz

홍차 3g, 물 270g

―――――

HOT

1   찻잔과 티 포트를 예열하고 계량한 찻잎을 포트에 넣는다.

2   끓인 물을 티 포트에 붓는다. (물 95℃ 정도)

3   3분 정도 우려낸다.

4   준비한 잔에 따른다.

Tip

스트레이너의 유무에 따라 사용법이 다양하다.
찻잎 1g에 물 100g을 기준으로 한다.

―――――――――――――――――――――――――

홍차

Green Tea

카멜리아 시넨시스 종 차나무의 발효시키지 않은
찻잎(茶葉:다엽)을 사용해서 만든 차다.
커피와 같이 녹차도 품종, 산지, 재배환경, 채엽시기, 가공법에 따라
맛의 차이가 나고 채엽시기, 제다방법에 따라 녹차의 명칭이 다르다.

우리나라에서는 연간 3~4회의 수확이 가능한데
24절기의 청명과 곡우를 시작으로 첫물차, 두물차, 세물차, 네물차로 나뉜다.
첫물차는 봄에 채엽한 어린찻잎으로 떫은맛이 적고
감칠맛이 좋아 고품질의 차로 인정받고,
채엽시기가 늦어질수록 찻잎이 커지고 쓰며 떫은맛이 더하다.

녹차

재료 (cup) 12oz

녹차 3g, 물 300g, 다관

———

HOT

1 물은 끓인 후 70~80℃ 정도로 식힌다.

2 차관에 잎 녹차를 넣고 물을 부은 후 뚜껑을 닫는다.

3 2분정도 우려낸 후 예열된 잔에 따른다.

Tip. 말차

재료: 가루녹차(말차), 물

① 차 사발에 말차 3g 정도를 넣는다.
② 물은 끓인 후 70~80℃ 정도로 식힌다.
③ 차 사발에 물을 붓고 '차선'을 이용해 말차와 물을 휘젓는다.
   (차선: 차 사발에 차 가루를 넣고 물을 부어 휘젓는 도구로 주로 말차용 다구이다. 대나무 조각이나 싸리를 재질로 엮어 용수나 통처럼 만든 작은 솔의 형태이다.)
④ 손목 스냅을 이용해 거품을 낸다.
⑤ 예열된 잔에 따른다.

녹차

Fruit Tea

애플시나몬 - 홍차 재료 (cup) 12oz

애플시나몬 청, 홍차 2g, 시나몬스틱 100g

HOT

1 홍차 2g 정도를 뜨거운 물로 3분 정도 우려낸다.
2 준비된 잔에 과일 청을 적당량 담는다.
3 우린 홍차를 잔에 부어준다.
4 과일로 장식해서 제공한다.

ICE

1 잔에 얼음을 넣고 과일 청을 얼음과 교차로 넣어 완성한다.

Tip. 애플시나몬 과일 청 만들기

재료: 사과 1개, 설탕 500g, 시나몬 스틱 200g

① 사과는 베이킹파우더, 소금, 식초를 사용해 깨끗이 씻어준다.
② 사과는 4등분하여 채칼을 이용해 얇게 슬라이스 해준다.
③ 적당한 용기에 사과와 설탕을 넣고 버무린다.
④ 소독한 유리병에 버무린 사과와 설탕을 넣어준다.
⑤ 중간 중간에 시나몬 스틱을 넣어준다.
⑥ 1주일 숙성 후 사용한다.

과일차

레몬진저 - 녹차 재료　(cup) 12oz

레몬진저 청 , 녹차 2g

———

HOT

1　녹차를 따뜻한 물로 3분 정도 우려낸다.

2　준비된 잔에 과일 청을 적당량 담는다.

3　우린 녹차를 잔에 부어준다.

4　과일로 장식해서 제공한다.

ICE

1　잔에 얼음을 넣고 과일 청을 얼음과 교차로 넣어 완성한다.

Tip. 레몬진저 과일 청 만들기

재료: 레몬 3개, 생강 100g, 설탕 500g

① 레몬은 베이킹파우더, 소금, 식초를 사용해 깨끗이 씻어준다.
② 생강은 껍질을 벗겨주고 사이사이 잘 닦아준다.
③ 레몬, 생강을 얇게 슬라이스 해준다.
④ 적당한 용기에 레몬, 생강, 설탕을 넣고 버무린다.
⑤ 소독한 유리병에 버무린 재료를 넣어준다.
⑥ 1주일 숙성 후 사용한다.

과일차

Herbal Tea

향이 나는 잎이나 꽃을 건조하여 마시는 차(Tea)를 말하며
음료목적 외에도 건강이나 안정을 위해 마시기도 한다.
캐모마일, 민트, 로즈마리, 히비스커스 등이 있으며
싱글로 마시지만 각 허브의 효능을 알고 알맞게 블렌딩하여
색다른 맛과 향을 느낄 수 있다.

허브 티

재료 (cup) 12oz

허브차 (캐모마일, 페파민트, 라벤더 등)

———

HOT

1 허브차 2g 정도를 티 포트에 담고 따뜻한 물을 붓는다.

2 3분 정도 우려낸다.

3 준비한 잔에 따른다.

Tip

차(Tea)는 우려내는 적정시간 경과 후, 찻물과 찻잎을 분리해서 마셨을 때 본연의 맛을 느낄 수 있고 떫은맛을 줄일 수 있다.

허브티

Blending Tea

블렌딩 티는 원하는 향미를 얻기 위해 2가지 이상의 티 또는 다른 재료들을 혼합하는 차를 말한다.
기본 재료로는 허브, 꽃, 향신료, 과일, 에센셜 오일 등이 있다.

블렌딩 티

재료 (cup) 12oz

블렌딩 티, 물

———

HOT

1 찻잔과 티 포트를 예열하고 계량한 찻잎을 넣는다.
2 끓인 물을 (95℃ 이상) 티 포트에 붓는다.
3 3분 정도 우려낸다.
4 준비한 잔에 따른다.

Tip

블렌딩 방식	내 용
과일+허브	사과+딸기+허브 / 파인애플+파파야+허브 / 오렌지+딸기+허브
허브+허브	루이보스+오렌지 필 / 마테+레몬그라스
찻잎+(허브+과일+꽃)	백차+허브+파인애플+국화꽃 / 홍차+허브 / 홍차+수레국화+베르가못 향료
찻잎+찻잎	홍차+홍차 (대표적으로 잉글리쉬 블랙퍼스트 티)
오렌지 필	진정효과가 있고 소화를 촉진시킨다.

블랜딩 티

스탠다드 카페메뉴

2023년 8월 18일 초판 1쇄 발행

지은이	김영아, 조상원
펴낸이	김미아
디자인	주식회사 에버아이
사진	전평혁
인쇄처	(주)아이엠애드

펴낸곳	한수북스
출판등록	제303-2003-000031호
주소	서울 성동구 왕십리로 311-1, 4층
전화	02.2281.8013
홈페이지	www.hansoo.or.kr

ISBN 979-11-85174-64-8
값 25,000원

이 책의 내용을 무단으로 인용하거나 발췌를 금지하며, 내용의 전부 또는 일부를 이용하려면 한수북스 의 서면동의를 받아야 합니다.

파본 및 낙장본은 교환하여 드립니다.
한수북스 는 도서출판 한수의 새로운 브랜드 로고입니다.